ABGESCHOSSEN – GEFALLEN – VERSCHOLLEN …

GEKLÄRTE UND UNGEKLÄRTE SCHICKSALE DEUTSCHER FLUGZEUGFÜHRER

WERNER GIRBIG

Abgeschossen Gefallen Verschollen ...

MOTORBUCH VERLAG STUTTGART

Umschlagzeichnung: Carlo Demand
Einband und Umschlagkonzeption: Siegfried Horn

Fotonachweis: 31 Abbildungen

via Donald Cuntz, Frankfurt/Main (2); via DRK-Suchdienst, München (3); W. Girbig, Hattersheim-3 (12); Graf, Simmern (3); Imperial War Museum, London (1); Annelise Limbach, Ilse (1); Heinz Meyer, Hameln (1); via Heinz Polak, Kelkheim/Ts. (1); via Oberstlt. Julius Roschach, Gengenbach (1); Günter Schmitz, Ahrweiler (1); Ernst Schröder, Bonn (1); via W. Teichmann, Bad Lausick (1); via Friedrich Trenz, Wien (1); US Air Force, Washington (1); Rudolf Wahl, Hadamar (1).
7 Zeichnungen des Verfassers.

ISBN 3-87943-439-5

1. Auflage 1976

Eine Abteilung des Buch- und Verlagshauses Paul Pietsch GmbH & Co. KG

Gesamtherstellung: Passavia Druckerei AG Passau
Printed in Germany

INHALTSVERZEICHNIS

	Seite
Zu diesem Buch	9
Der letzte Flug des Unteroffiziers Gröbke	17
Iffezheim – Ahrweiler – Tiefenbach	30
... und wird nach Feindeinsatz vermißt!	49
Hauptmann Maack	68
Erkennungsmarke 59741-241	76
Ein Feldwebel aus Forst/Lausitz	90
»Bodenplatte«-Schicksale	102
Im Netzebruch verschollen	109
Opferflug der Arado – Die Brücke von Remagen	119
Das Grab in Berwang	130
Die nicht zurückkehrten – Das Bild einer Luftschlacht	140

»Es ist mir gleichgültig, ob ich im Krieg umkomme ... Aber wenn ich lebendig von diesem ›notwendigen und undankbaren Job‹ zurückkehre, wird sich mir nur ein einziges Problem stellen: was kann man, was soll man den Menschen sagen?«

Antoine de Saint-Exupéry
(Brief an einen General)

»Wieder sind drei aus unserer Staffel gefallen. Thunderbolts! Wir können uns unschwer ausrechnen, wann wir an der Reihe sind. Was mich betrifft, so habe ich das Gefühl, daß ich etwa Ende Januar/Anfang Februar nicht mehr zurückkehren werde.«

Uffz. Harald Cuntz,
Flugzeugführer im JG 11,
gefallen am 10. Februar 1944

Zu diesem Buch

»Blumen für das Kreuz im Wald«, so steht neben der Abbildung einer mit Feldsteinen und Birkenkreuz versehenen Gedenkstätte im Kalbacher Wald bei Oberursel im Taunus. Das Foto wurde anläßlich des Volkstrauertages 1974 in einer Frankfurter Zeitung veröffentlicht. Niemand weiß genaueres, rätselhaft bleibt vieles und unbekannt ist nicht nur der Flieger, an den diese Stätte erinnert, so heißt es in dem Pressebericht weiter. Schon zwei Jahre zuvor hat mich ein natur- und wanderbegeisterter Einwohner aus Weißkirchen/Ts. auf jenes vermeintliche Grab aufmerksam gemacht, aber bereits vor 25 Jahren hat es der Frankfurter Elektromonteur Fritz Schröder bei einer Taunuswanderung entdeckt. Die Stelle liegt auf dem Berg »Alte Höfe«, oberhalb der Emminghaus-Hütte westlich der zum Feldberg führenden Kanonenstraße. Wann und von wem dieser Hügel im Wald einmal angelegt worden ist, bleibt ebenso unbekannt wie diejenigen Personen, die dort hin und wieder frische Blumen niederlegen. Auf einem der Steine, stark verwittert, kann man die Inschrift lesen: »Unbekannter Flieger 1944«.
Nun, es hat einige Zeit gedauert, ehe ich das Rätsel um diesen bisher namentlich nicht bekannten Flieger lösen konnte. Am 9. Mai 1944 führte der Oberleutnant Hans Heinz Pfanschmidt von der 5. Staffel des Jagdgeschwaders 53 einen Tarnüberwachungsflug über dem Taunus durch. Da trat plötzlich an seinem Fieseler »Storch« mit dem Kennzeichen BP+MU über dem Gebiet des Kalbacher Waldes ein Motordefekt auf, der den Absturz der Maschine zur Folge hatte. Der Oberleutnant, bei dem Flugunfall

schwer verwundet, wurde anschließend in das Luftwaffen-Lazarett 2/XII nach Frankfurt gebracht, wo er am 15. Mai seinen Verletzungen erlag.

Den Versuch, solche Begebenheiten aufzuklären, besonders aber die Schicksale noch als vermißt geltender Jagdflieger zu klären, habe ich seit Jahren in Ausfüllung meiner Freizeit unternommen. Ein Teil dieser Ergebnisse sind bereits veröffentlicht. Weitere Schicksale junger Piloten und Besatzungen sind Gegenstand der vorliegenden Schilderungen, die ich einer daran interessierten Leserschaft zur Kenntnis bringen möchte.

Als vor etwa fünf Jahren mein Buch »Die nicht zurückkehrten« erschienen ist, hatte ich nicht erwartet, daß diese Aufzeichnungen eine so starke Resonanz hervorrufen würden. Ich erhielt sehr viele Zuschriften, aus denen vorwiegend eine positive Einstellung abzulesen ist, doch trafen und treffen meine Unternehmungen natürlich auch auf gegenteilige Ansichten, aber es wäre fast ein schlechtes Zeichen, wenn das Tun und Handeln eines jeden ausschließlich zustimmende Beurteilungen erhält. Kritik ist in jedem Fall notwendig und trägt zum Teil dazu bei, Unsachlichkeiten auf die Spur zu kommen, Berichtigungen und Ergänzungen vornehmen zu können sowie zu überlegen, was man zukünftig zu verbessern und zu intensivieren vermag. Für alle Zuschriften sei hier noch einmal Dank abgestattet, denn nicht immer erlaubte es die spärliche Freizeit, eingehende Korrespondenz zu beantworten.

Weiter habe ich feststellen können, daß nicht nur die Ehemaligen, also die am Geschehen beteiligten Flieger ihr Interesse an dem vorgenannten Buch gefunden haben, sondern vielmehr auch solche Leser, die überhaupt nichts oder zumindest nur mittelbar etwas mit der geschilderten Materie zu tun gehabt haben, und darunter überraschenderweise ein Großteil der verhältnismäßig jungen Jahrgänge, denen die Kriegsereignisse praktisch nur aus der Überlieferung her bekannt sein können und von denen man annehmen müßte, die Zusammenhänge gar nicht in der Form begreifen zu können wie jemand, der selbst einmal mit den schrecklichen Geschehnissen konfrontiert worden war. So ist es mehr als beachtlich, daß gerade ein nicht geringer Prozentsatz der Jugend sich jetzt ein reales Bild von der damaligen Zeit verschaffen versucht.

Hinweise aus der Leserschaft haben dazu beigetragen, in einigen Vermißtenfällen neue Anhaltspunkte erlangen zu können, während andere wieder auf Begebenheiten verwiesen, die als neue Fälle zu betrachten sind. Leser boten mir ihre Hilfe an, die ich unter Umständen irgendwann sogar einmal bei bestimmten Gelegenheiten in Anspruch nehmen möge.

In diesen fünf Jahren, die seit Erscheinen der 1. Auflage des erwähnten Buches verstrichen sind, konnte einigen verschollenen Jagdfliegern der Name wiedergegeben werden und gelang es ferner, andere Vermißtenfälle endgültig der Beurkundung zuzuführen. So ist das Schicksal des Unteroffiziers Walter Silwester, als Angehöriger der 12./JG 77 am 23. Dezember 1944 über dem Ahrtal vermißt und als unbekannter Flieger in Altenahr bestattet, nun einwandfrei aufgeklärt und sein Todesfall amtlich festgestellt. Das gleiche gilt für den Leutnant Hans Jakob Arnoldy, dessen Verbleib nach dem Luftkampf am 15. April 1941 über dem Platz Larissa in Griechenland bis dahin ungewiß gewesen war. Auch dieser Fall findet schließlich im Juni 1972 durch die Deutsche Dienststelle seinen Abschluß. Von beiden Schicksalen habe ich in meiner ersten Veröffentlichung berichtet. Der gleichfalls erwähnte Oberfähnrich Helmut Winter, den wir zunächst in einem anderen, bei Tecklenburg aufgefundenen Flugzeugwrack vermuteten, wird tatsächlich erst Mitte Dezember 1973 durch Zufall bei Recke/Westfalen geborgen, nachdem dort ein Landwirt beim Pflügen auf die Reste eines Jagdflugzeuges und auf die sich darin noch befindlichen sterblichen Überreste des Piloten stößt. Oberfähnrich Winter war am 10. Februar 1944 das Opfer eines harten Luftkampfes geworden, der sich an jenem kalten Tag über Norddeutschland abgespielt hatte. Diese Luftschlacht, in der 29 deutsche Jagdflieger ihr Leben lassen mußten, werde ich an anderer Stelle des vorliegenden Buches ausführlicher beschreiben.

Das Auffinden von Flugzeugwracks und die Konfrontation mit damit verbundenem Schicksal deutscher Flieger bleibt nicht nur auf innerhalb unserer Grenzen liegende Gebiete beschränkt, und so sind unterdessen wenigstens zwei Fälle bekannt, denen man in den Marschen der Grafschaft Kent im südöstlichen England auf die Spur kam. Im September 1973 wird der Leutnant Werner

Knittel, Jagdflieger in der II./JG 51, in dem Wrack seiner Bf 109 geborgen und identifiziert. Knittel kehrte seit einem am 28. Oktober 1940 über Kent stattgefundenen Luftkampf nicht zurück. Und ein Jahr darauf, Anfang Dezember 1974, entdeckt ein britisches Suchteam den Gefreiten Dietrich Riedel von der 2./JG 3. Auch er wurde über Kent, bei Ivychurch, von einer Hurricane abgeschossen und galt als vermißt.

Ich hatte seinerzeit schon einmal die mir selbst oft genug gestellte Frage zu beantworten versucht, wie denn die Angehörigen eines Vermißten die nach so langer Zeit plötzlich eintreffende Nachricht aufnehmen werden, daß über das Schicksal der betreffenden Flieger nun kein Zweifel mehr besteht. Immerhin sind seit dem Geschehen dreißig Jahre vergangen, und gewiß mag der Lauf der vielen Jahre die damals frischen Wunden geheilt, den schrecklichen Verlust und die quälende Ungewißheit mehr oder weniger in den Hintergrund gedrängt haben. Inwieweit dies zutrifft, konnte ich in einigen Fällen in persönlichen Gesprächen oder aufgrund vorliegender Briefe erfahren. So steht es fest, daß heute wohl niemand mehr mit der Rückkehr des vermißten Sohnes, Bruders oder Vaters rechnet. Sie sind gefallen und vielfach von ihren Angehörigen inzwischen auch für tot erklärt worden. Jedoch, es bleibt die innerliche Unruhe, denn diese Angehörigen kennen den Ort nicht, an dem ihre Flieger ruhen, sie wissen keinen Friedhof, auf dem sie an einem namentlich bezeichneten Grab ihre Blumen niederlegen und im Gedenken verharren können. Insofern ist ein Rest von Ungewißheit über das Schicksal ihrer Toten noch immer nicht gewichen. Schon das bekräftigt mich in meinen Bemühungen, fortzufahren und zu hoffen, den einen oder anderen Vermißtenfall noch lösen zu können. Und nach wie vor bin ich der Meinung, daß nichts unversucht gelassen werden müßte, auch jede bekanntgewordene Stelle, an der sich möglicherweise ein noch verschollener Flieger befinden könnte, einer genaueren Überprüfung zu unterziehen, um so tatsächlich Gewißheit zu erhalten. Leider stößt ein solches Bemühen nicht selten auf Widerstand.

In den folgenden Kapiteln aber soll der Leser von weiteren Fliegern erfahren, »die nicht zurückkehrten«. Von Vermißtenfällen, die es in den letzten Jahren aufzuklären gelang oder bei denen es bis jetzt nicht möglich war, sie aufgrund bestimmter Umstände einer Klärung zuzuführen. Zum besseren Verständnis der Voraussetzungen, unter denen die Jagdflieger ihre letzten Einsätze flogen, sei noch einmal eine kurze Anmerkung zur Situation der Jagdwaffe erlaubt, denn es ist in den nachfolgenden Aufzeichnungen nicht immer zu erkennen möglich, unter welchen Aspekten sich das Drama in der Luft damals vollzog.

Schon die »Luftschlacht um England«, welche ein knappes Jahr nach Ausbruch des Zweiten Weltkrieges infolge Hitlers Weisung Nr. 17 mit dem Ziel beginnt, die Luftherrschaft über England zu erkämpfen und die britische Insel somit »sturmreif« zu machen, erschüttert den Nimbus der sieggewohnten deutschen Luftwaffe zum erstenmal. Unmerklich zunächst, aber dann offensichtlich. Die Verbände der Jagd- und Kampfflieger, zusammen die modernste und stärkste Luftstreitmacht verkörpernd, die es je gegeben hat, sehen sich nach monatelanger taktischer Kriegsführung plötzlich einem operativen Einsatz gegenüber, auf den sie unzulänglich vorbereitet worden sind. Schon bald stellt sich die Verwundbarkeit der Luftwaffe heraus – der Grund hierfür ist nicht zuletzt auch der eigenen Einsatzplanung zuzuschreiben. Die Folge davon: außergewöhnlich hohe Verluste, die schließlich zum Abbruch der Schlacht führen müssen.

War nach den siegreichen Kämpfen im Westen ein regelrechter Ordensregen und unzählige Beförderungen auch auf die Jagdflieger zugekommen, und hatte man aufgrund großer Erfolge ihre Waffengattung wie kaum einen Truppenteil zur Elite erhoben, so lassen sich im Laufe der folgenden Jahre zwischen Truppe und Luftwaffenführung erste Dissonanzen erkennen. An der bestehenden Luftkriegstaktik gehegte Zweifel führen zu Spannungen, die sich auch späterhin nicht mehr lösen sollen. Das Festhalten am unrealistischen Einsatzkonzept seitens der Wehrmachts- und Luftwaffenführung fordert mehr als einmal offene Kritik heraus, aber die Forderungen oder Einwände der Jagdwaffe werden ignoriert und bagatellisiert. Im harten und blutigen Abwehrkampf über dem Reich, nachdem man es versäumt hatte, rechtzeitig defensive Maßnahmen zu ergreifen und eine geballte, nicht verzettelte Abwehr zu schaffen, erklärt man die Jagdflieger unberechtigterweise zu

Feiglingen und Versagern. Das ist erstmals im späten Frühjahr 1944 der Fall. Anlaß zu derart harten Vorwürfen dürften wohl die gerade im April und Mai 1944 erlittenen hohen Verluste gewesen sein. Ansteigender Mangel an erfahrenen Verbandsführern, die unzulängliche fliegerische und technische Ausbildung des Pilotennachwuchses und Überbeanspruchung der nahezu ununterbrochen im Abwehreinsatz stehenden Jagdflieger sind jedoch nur einige der wahren Gründe für auftretende Mißerfolge.
Trotz ständiger Dezimierung aber leistet die Jagdwaffe Unvorstellbares. Längst geht es dabei nicht mehr um Orden und Ehrenzeichen. Für den Führer fliegen die wenigsten, wohl aber für Volk und Vaterland, denn ein solches zu verteidigen sind sie angesichts der unaufhörlich ins Reich einfliegenden Bomberverbände des Gegners immer noch bereit. Sie kämpfen, wie die überwältigende Mehrheit der deutschen Wehrmacht, aus ehrlicher und innerer Überzeugung.
Doch die Materialüberlegenheit unserer damaligen Gegner ist zu gewaltig. Die »alten Hasen« unter den Jagdfliegern mögen wohl die Ausweglosigkeit erkennen, sie aber wissen auch, sich ihrer Haut zu wehren, ja es gelingt ihnen sogar, den Alliierten nicht selten genug noch einmal empfindlich zuzusetzen, denn sie haben dem Nachwuchs eines voraus: Erfahrung.
Wo bleibt die Luftwaffe – so fragt die kämpfende Truppe, so fragt die schwergeprüfte Bevölkerung in den zerbombten Städten. Nach Galland, General der Jagdflieger, sind im ersten Halbjahr 1944 rund 1000 Jagdflugzeugpiloten gefallen, die Gesamtverluste der Luftwaffe in diesem Sommer betragen 500 Mann fliegendes Personal pro Woche! Von Juni 1941 bis Juni 1944 verliert die Luftwaffe 31000 Mann fliegendes Personal, und in den folgenden fünf Monaten – Juni bis Oktober 1944 – steigen die Einbußen um 13000 auf insgesamt 44000 Mann.
An Ideen und Initiativen, die Verbände der Reichsluftverteidigung wirkungsvoller einzusetzen zu versuchen, fehlt es nicht. Dazu zählt auch das von Galland und anderen erfahrenen Jagdfliegerführern immer wieder vorgetragene Kampfkonzept, der »Große Schlag«, der nach Formulierungen des letzten Generals der Jagdflieger, Oberst Gordon Gollob, eine Zusammenfassung starker

Streitkräfte vorsieht mit dem Ziel, jeweils nur ein Objekt – beispielsweise einen kompletten gegnerischen Bomberverband – anzugreifen und dieses restlos zu vernichten. Daß dabei die Einflüge des Gegners an anderer Stelle ungehindert bleiben, will man in Erwartung der Erfolge hinnehmen. Diese Taktik ist auch der Luftwaffenführung nicht neu; man kann sich aber offenbar nicht über die Anwendung einigen. Als schließlich die tatsächlich bereitstehenden Jagdverbände ihren »großen Schlag« in der angelaufenen Ardennen-Offensive und dem am 1. Januar 1945 folgenden Unternehmen »Bodenplatte« durchführen, ist das sicherlich nicht in dem Sinne, wie es sich die Jagdwaffe vorstellte. Infolge der so unglücklich und verlustreich verlaufenen Einsätze fehlen die Voraussetzungen, einen »Großen Schlag« nach diesem Zeitpunkt noch realisieren zu können.
So werden die jungen Flugzeugführer der Tagjagd, deren Kampfeswille außer Zweifel steht, im Durcheinander oft widersprüchlicher Einsatzplanung in den Glutofen einer gnadenlosen Luftschlacht geworfen. Am nächtlichen Himmel sieht es lange schon nicht anders aus. So lautet denn auch der Befehl, nur noch die Spitzenbesatzungen der Nachtjagd aufsteigen zu lassen, damit ein Abwehrerfolg einigermaßen gewährleistet wird. Den deutschen Jagdfliegern bleibt letztlich nur mehr ein Minimum an Überlebenschance; technisch und physisch dem Gegner glatt unterlegen, werden sie zu sinnlosen Opfern.

*

Das Erscheinen des Buches »Die nicht zurückkehrten« hat noch einen anderen, bemerkenswerten Effekt gezeigt: Es muß in manchen Fällen als ein Startzeichen interpretiert worden sein. Das Thema »Vermißtenforschung«, vor allem aber die »Suche nach Flugzeugwracks« war plötzlich aktuell und interessant geworden, und so mancher ging daran, gleiches tun zu wollen. Daß dies denn doch nicht so ohne weiteres möglich ist, beweisen zahllose Anrufe und Briefe, die bei mir eingehen. So bleibt es nicht aus, daß ich immer wieder Zuschriften erhalte, in denen ich um Überlassung meiner Unterlagen gebeten werde, daß ich diesen oder jenen Namen

heraussuchen und nennen möge. Nur wenige bedenken, daß für das Zusammentragen dieser Unterlagen eine unvorstellbare und zeitraubende Vorarbeit zu leisten notwendig gewesen war und auch noch ist.
Aus gegebenem Anlaß heraus erwähne ich noch einmal, daß ich meine Nachforschungen nach wie vor in meiner Freizeit und auf eigene Kosten betreibe. Daß die Familie dabei oft zu kurz kommt, ist mir sehr wohl bewußt, und ich kann ihr für das entgegengebrachte, großzügige Verständnis nicht genug Dankbarkeit erweisen.
An diese Verbeugung möchte ich schließlich meinen verbindlichen Dank anknüpfen an alle Personen und Institutionen, die mir wertvolle Hilfestellung gegeben und meine Bemühungen tatkräftig unterstützt haben. Für uneingeschränkte Unterstützung und das Entgegenkommen darf ich in erster Linie der Deutschen Dienststelle (WASt) in Berlin meinen besonderen Dank aussprechen. Weiterhin fühle ich mich verpflichtet namentlich zu nennen: Die Herren Hans Bröker, Neuwied; Dr. Gerhard Calden, Darmstadt; Donald Cuntz, Frankfurt/Main; Wilhelm Dillig, Simmern; Paul Eisenmann, Berwang/Tirol; O. Goebel und Eckhard Michaelis, Redaktion Rhein-Zeitung, Neuwied; Rudolf Göhl, Tiefenbach; Rainer Krewerth, Redaktion Weltbild, Augsburg; Hans-Joachim Kroschinski, Gemeinschaft der Jagdflieger e.V., Malente-Gremsmühlen; Herbert Rössel, Reich/Simmern; Oberstleutnant Julius Roschach, WBK V, Stuttgart; Friedrich Scheer, Neukirchen-Vluyn; Otto Schmitt, Guldental; Günter Schmitz, Ahrweiler; Stadtamtmann Schu, Saarlouis; Dr. Schütze, Aachen; Jakob Sprenger, Wolfgang Sprenger, beide Berwang/Tirol; Hans-Joachim Ulmer, Detmold; Dr.-Ing. Andreas Weise, Aachen; Herbert Weißenbacher, Berwang/Tirol; Oberstleutnant Woite, PiBat., Koblenz.
Ferner möchte ich es nicht versäumen, an dieser Stelle auch dem Motorbuch Verlag, Herrn Wolfgang Schilling, Stuttgart, Reverenz zu erweisen für die Bereitschaft, vorliegende Aufzeichnungen in Buchform herauszubringen.

Werner Girbig
Frankfurt/Main, Herbst 1975

Der letzte Einsatz des Unteroffiziers Gröbke

Daß die Zahl derer, die nach so vielen Jahren seit Beendigung des Zweiten Weltkrieges auch heute noch als vermißt und verschollen gelten, sehr hoch ist, geht immer wieder aus den Berichten hervor, die der Suchdienst des Deutschen Roten Kreuzes der Öffentlichkeit zugänglich macht.
So manchen Leser wird es nicht so sehr verwundern, wenn er erfährt, daß im letzten Kriegsstadium, also in den Wochen vom Januar 1945 bis zum Abschluß der Kämpfe, gerade die Luftwaffe hohe Verluste zu erleiden hatte, wobei speziell bei der Jagdwaffe sehr viele Namen von Piloten zu verzeichnen sind, deren Verbleib immer noch unbekannt ist. Bemerkenswert ist vielmehr die Tatsache, daß alle diese Flugzeugführer fast ausschließlich über dem Reichsgebiet gefallen sind. Es lag in der Natur der damaligen Ereignisse, daß die ohnehin schwergeprüfte und vom Kampfgeschehen unmittelbar berührte Bevölkerung nur in ganz wenigen Fällen noch die Möglichkeit und auch das Interesse hatte, sich um niedergehende, abgeschossene oder notgelandete Flugzeuge und deren Besatzung – ob Freund oder Feind – eingehend zu kümmern. Andere Sorgen standen im Vordergrund, denn in jenen Tagen hatte das eigene Durchkommen, der Wille zum Überleben, Priorität. Tagtäglich wurden Abstürze registriert – man nahm solche Ereignisse kaum noch wahr. Und so konnte es geschehen, daß sich die Spuren von abgeschossenen Flugzeugen auf den Fluren der Gemeinden im Laufe der Zeit verloren.
Eines der vielen Beispiele für die soeben geschilderte Situation ist auch der Fall des 21jährigen Unteroffiziers Werner Gröbke. Ihn,

den Flugzeugführer der III. Gruppe des »Pik As«-Geschwaders, ereilt das Schicksal in den Märztagen des Jahres 1945.

*

Feldflugplatz Kirrlach, 9. März 1945. Auf dem Horst im Südosten von Speyer werden einige Schwärme Messerschmitt-Jagdflugzeuge vom Muster Bf 109 G-14 und K-4 der III. Gruppe des JG 53 frisch aufgetankt und zum Start vorbereitet. Ihre Piloten haben den Auftrag, heute nach Darmstadt-Griesheim zu verlegen.
Seit die Gruppe, von Neuhausen ob Eck kommend, Ende Dezember 1944 in Kirrlach eingefallen war, besteht ihre Aufgabe vornehmlich darin, die jeden Tag über dem südwestdeutschen Raum erscheinenden Jabos der 9. taktischen US-Luftflotte zu bekämpfen. In die gleiche Zeit hinein fällt auch der letzte große Einsatz der deutschen Luftwaffe, das Unternehmen »Bodenplatte«, den auch die III. Gruppe des »Pik As«-Geschwaders mit erheblichen Ausfällen bezahlen muß. Im Frühjahr 1945 verlagert sich die Einsatztätigkeit insofern, als die Gruppe dann gegen die aus dem Raum Hagenauer Forst in Lothringen vordringenden amerikanischen Truppen eingesetzt und zu Erdkampfoperationen herangezogen wird. Die Abwehreinsätze führen dabei mitunter auch in den Moselraum bis Koblenz. Hauptgegner jedoch bleiben die unzähligen Thunderbolt und Mustang, denen gleich beim ersten Einsatz des Jahres, am 10. Januar 1945, drei Flugzeugführer der Gruppe zum Opfer fallen.
Währenddessen hat sich der gegnerische Druck an der Mosel verstärkt, die Amerikaner sind im Begriff, im Hunsrück vorzudringen, um an den Rhein zu gelangen. Das ist einer der Gründe, weshalb Teile der III. Gruppe von nun an tageweise auf den Platz Darmstadt-Griesheim verlegt werden, welcher vor dem »Bodenplatte«-Einsatz schon der I./JG 4 unter Major Steinmann als Absprunghorst dient.
Wie aus den Gefechtsunterlagen der III./JG 53 hervorgeht, erschweren die ungünstigen Witterungsverhältnisse in den folgenden Tagen zunächst jede weiteren Unternehmungen:

10. und 11. März: Schlechtwetter, kein Einsatz
12. März: Schlechtwetter, dennoch Artilleriefliegerbekämpfung mit drei Schwärmen.

Der nächste Tag sieht die 10. und 11. Staffel in der Luft. »Begleitschutz für FW 190 des JG 2!« lautet der Auftrag. Es wird ein schwerer Einsatz, an dem auch Teile der IV./JG 53 aus Nellingen beteiligt sind. Zwischen Koblenz und Darmstadt kommt es zu einem heftigen Luftkampf mit über 30 Lightning und Mustang, welche einen Marauder-Verband zu schützen versuchen. Zwei Piloten fallen, ein anderer muß jenseits der eigenen Linien notlanden und wird zunächst als vermißt gemeldet.

Am 14. März zieht wieder ein verlustreicher Tag für die Gruppe herauf. Oberleutnant Bernhard, Adjutant der III./JG 53, startet mit den Maschinen von Griesheim aus: »Es war freie Jagd im Raum Wiesbaden-Mainz befohlen. Südlich davon bekamen wir Feindberührung mit etwa 14 Thunderbolt. Ich selbst erhielt Treffer und mußte gegen 16.10 Uhr bei Oppenheim mit dem Fallschirm aussteigen.« Unteroffizier Dröge und Unteroffizier Tesarik, beide von der 11. Staffel sowie Leutnant Henkell vom Gruppenstab, fallen in diesem Luftgefecht.

Inzwischen können die Amerikaner im Hunsrück weiter vordringen und stehen am 16. März 1945 vor Bad Kreuznach. Am selben Tag wird der Platz Griesheim von 18 Thunderbolt im Tiefflug angegriffen. Für Sonnabend, den 17. März, ist die Rückverlegung nach Kirrlach vorgesehen, da erreicht die Gruppe zuvor noch der Auftrag, einen im Raum Bad Kreuznach herumkurvenden Artilleriebeobachter zu bekämpfen. Ein Einsatz, von dem der erst zu Weihnachten 1944 zum Unteroffizier beförderte Werner Gröbke nicht mehr zurückkehren soll.

In den Vormittagsstunden erhält ein Schwarm der 11./JG 53 den Startbefehl. Im Tiefflug jagen die grauen Messerschmitt in den befohlenen Einsatzraum. Doch plötzlich kommt es mit überraschend aufgetauchten amerikanischen Jagdflugzeugen zu einem Luftkampf. Es geht alles viel zu schnell, und Feldwebel Friedrich Scheer erinnert sich nur noch daran, daß der Schwarm auseinandergerissen wurde, und er sich mit seinem Rottenflieger, Unteroffizier Gröbke, dann allein über dem Gebiet der Nahe befand. »Danach

sichteten wir den feindlichen Artillerieflieger, griffen aus dem Tiefflug heraus an und wurden von einer hinter einem großen Waldstück auf freiem Feld aufgefahrenen amerikanischen Panzereinheit mit einem bis dahin nie erlebten Flakfeuer eingedeckt, das uns zum sofortigen Abdrehen zwang«, berichtet Scheer später.
Die amerikanische Panzerflak rings um den westlich von Bad Kreuznach gelegenen Lohrer Höfen schießt genau. Feldwebel Scheer erhält einen Treffer in die rechte Fläche, gleichzeitig verhüllt eine grauschwarze Wolke die Maschine seines Rottenfliegers, die gelbe »3«. Volltreffer! Gröbkes Bf 109 K-4 fliegt noch ein kurzes Stück, einen Rauchschweif hinter sich herziehend, und stürzt dann aus geringer Höhe flach in die bewaldete Höhe der Hardt. Der Pilot hatte keine Chance, seine Maschine noch verlassen zu können.

*

Mitte Oktober 1971 erreicht mich ein Brief aus Guldental bei Bad Kreuznach. Er stammt von Otto Schmitt, den ich noch als einen prächtigen, unkomplizierten Menschen und zuverlässigen »Mitstreiter« kennenlernen soll. Ebenfalls, wie ich, ein Idealist in dieser Beziehung, wird er mir später uneigennützig dabei helfen, umfangreiche Nachforschungen anzustellen und auch den noch zu schildernden Fall in Reich bei Simmern zum positiven Abschluß zu bringen.
Zurück zu Schmitts Brief vom Oktober. »Ich habe in Ihrem Buch von der Bergung in Sulzbach und dem in diesem Zusammenhang erwähnten Einsatz des JG 53 im Raum Bad Kreuznach gelesen«, so schreibt er. »Hierzu kann ich Ihnen noch von einer weiteren, für Sie sicherlich wichtigen Begebenheit mitteilen, die sich bei uns abgespielt hat.« Und dann führt er an, daß ihm aufgrund einer Umfrage der Absturz einer deutschen Jagdmaschine bekanntgeworden ist, die am 17. März 1945, also einen Tag nach dem Abschuß der Messerschmitt in Sulzbach, von amerikanischer Flak über dem Hardtwald bei Bad Kreuznach getroffen wurde. »Der Motor und eines der Maschinengewehre sollen noch im Jahre 1947 an der Absturzstelle herumgelegen haben. Über den Verbleib des Piloten ist nichts bekannt, man hat ihn jedenfalls nicht gefunden.«

Es ist gewissermaßen schon zu einer Reflexbewegung geworden, daß ich bei Erhalt solcher Mitteilungen gleich nach den dicken Ordnern in meinem Schrank greife, in denen ich die immer wieder zu vervollständigenden und zu berichtigenden Daten über den Einsatz der Jagdwaffe sammle und aufbewahre. Meine Familie weiß dann schon, daß ich anschließend meistens für den Rest des Abends nicht mehr ansprechbar bin – und sie trägt es mit bewundernswerter Fassung. Ich darf mich an Mangel solch großzügigen Verständnisses wirklich nicht beklagen!

Für den Einsatz im Großraum Rhein-Main kommen, soviel ist bekannt, zum genannten Zeitpunkt eigentlich nur die beiden Jagdgeschwader 2 und 53 in Frage, und als ich die im März stattgefundenen Operationen näher studiere, gelange ich zu der Überzeugung, daß es sich bei dem von Otto Schmitt geschilderten Absturz nur um einen Flugzeugführer des JG 53 handeln kann. Die eingesetzten Jagdverbände hatten am 17. März einen Verlust gemeldet: einen Flugzeugführer der II./JG 53, der bei Bad Kreuznach nach Luftkampf von Flak abgeschossen worden war und noch als vermißt gilt. Nach Rücksprache mit der Deutschen Dienststelle in Berlin bestätigt mir diese, daß am genannten Tag wirklich nur ein einziger Verlust eingetreten ist.

»Das nächste Wochenende ist für Bad Kreuznach reserviert«, höre ich mich sagen, und meine Frau ist sich nicht lange darüber im Zweifel, daß ich mit meinem Ortungsgerät versuchen werde, irgendeinen Beweis zu erbringen, um meine Auswertung bestätigt zu erhalten. So antwortet sie mir nur: »Also zuerst zu Herrn Schmitt, der die Stelle kennt, und dann mit üblicher feldmarschmäßiger Ausrüstung in die Wälder.«

Am 30. Oktober sind wir früh unterwegs. Schmitt hatte uns die zu fahrende Strecke eindeutig beschrieben: Erst an Kloningersmühle vorbei, nach Langenlonsheim, und von dort links ab Richtung Guldental. Otto Schmitt erwischen wir in seinem außerhalb des Ortes gelegenen Weinberg. Ich lasse den Wagen am Straßenrand stehen, hetze den Hang hinauf – und komme tatsächlich ein bißchen außer Atem. So dauert es einige Minuten, bis ich vor Schmitt stehe, der mich lachend begrüßt: »Nicht so eilig, wir haben doch noch den ganzen Tag vor uns!«

Danach informiert er mich nochmal, diesmal ausführlicher, über den Sachverhalt. »Man will den Absturz auf der Hardt damals beobachtet haben«, fügt er hinzu, »doch da die Amerikaner bereits die Stadt einzunehmen im Begriff waren, wird sich wohl kaum einer mehr um das Flugzeug gekümmert haben. Fahren wir mal hin. Ich selbst war schon einmal oben.«
Der Weg führt uns zunächst quer durch Bad Kreuznach. Dann biegen wir in Richtung Kauzenberg ab, überqueren den Ellerbach und befinden uns auf der Hüffelsheimer Straße, die wir nach einer Weile verlassen, um den Weg zum Teufelskopf im Hardtwald einzuschlagen. An einer Weggabelung parken wir unsere Fahrzeuge, steigen aus und blicken uns um. Der Wald ist hügelig. Auf der linken Seite, die etwas steil abfällt, führen zwei Wege zu unserem Standort herauf, während rechts nur ein, allerdings recht breiter, Weg abzweigt. Schräg vor uns steigt das Gelände an. Der Boden ist steinig. »Da bleibt nicht sehr viel übrig«, wende ich mich an Otto Schmitt, »wenn hier eine Maschine hineinschlägt.«
Schmitt nickt und deutet nach links. »Dort unten, unweit des Weges, lag der Motor, sagte man mir. Und gleich hier vorn soll sich eine Kanone befunden haben.«
»Suchen wir also zunächst den unteren Teil ab!«
Mit eingeschaltetem Gerät gehe ich zu der angegebenen Stelle, gefolgt von Schmitt, der schon seinen Feldspaten und einen kleinen Rechen bereithält, um den Unterboden freilegen zu können. Nach verhältnismäßig kurzer Zeit lassen sich tatsächlich ein paar Metallteile finden, die zweifelsohne zu dem Motor gehört haben. Jedoch ist es unmöglich, diese einem bestimmten Triebwerktyp zuzuordnen. Dann finden wir weiter oben am Weg ein längeres Stück von einer Treibstoffleitung mit der üblichen Argus-Leichtmetallverschraubung, die praktisch bei fast allen deutschen Flugzeugmustern Verwendung fand.
»Zumindest schon ein Beweis, daß es sich um eine deutsche Maschine handelt.« Ich überlege mir, daß der Motor, da die Maschine vermutlich aus nicht allzu großer Höhe abgestürzt sein dürfte, beim Aufprall abgerissen und als schwerstes Teil des Flugzeuges nach vorn geschleudert worden sein konnte. Die eigentliche Absturz- oder Aufschlagstelle mußte demnach weiter oben, rechts von

dem Platz, auf dem unsere Wagen stehen, zu suchen sein. Ich rufe deshalb Schmitt zu, daß wir anschließend das aufsteigende Gelände in Augenschein nehmen wollen.
Mit dem Gerät am Boden suche ich zuerst den Rand des Weges ab. Da verändert sich die Frequenz wieder und zeigt einen neuen Fund an. Als Otto Schmitt die betreffende Stelle freilegt, entdecken wir ein 3 cm-Geschoß! Und dann noch eines. »Bf 109 G-6 oder K-4! Falls es eine Messerschmitt ist.«
»Die Richtung stimmt«, meint mein Begleiter. »Mal sehen, ob sich dann da oben noch etwas finden läßt.«
Etwa fünfzig Meter oberhalb des Weges weist der Boden eine Vielzahl mehr oder weniger tiefe Mulden auf. Der Untergrund besteht aus blankem Gestein. Auch der Baumbestand ist hier ziemlich niedrig, im Gegensatz zu dem Waldgelände links des Hauptweges. Die Mulden sind vor langer Zeit entstanden und haben sicherlich mit einem Flugzeugabsturz nichts zu tun, aber wieder finden wir Metallteilchen und eine Anzahl von Bordgeschossen der Kaliber 13 mm und 3 cm, an denen teilweise noch Glieder des Patronengurtes hängen. Starke Verkrustungen an der Oberfläche zeigen deutlich, wie sehr der feuchte Waldboden das jahrelang darin verborgene und jetzt freigelegte Metall angegriffen und verwittern lassen hat.
In einer der zahlreichen Mulden stoße ich auf weitere Flugzeugteile. Unter diesen läßt sich etwas erkennen, das wie eine Aufhängung aussieht. Von Waltraud lasse ich mir einen Lappen reichen, um das verrostete Gebilde abzuwischen. Es ist eine Heißöse, jetzt gut zu erkennen. Die Form ist typisch. »Hier!« rufe ich aus. »Das ist einwandfrei die Aufhängung für einen Daimler-Benz-Motor.«
Und als wir unweit davon noch ein kleines, tropfenförmiges Ausgleichsgewicht aus dem von vielen Wurzeln durchzogenen Boden zutage fördern, bin ich sicher: Es war eine Messerschmitt. Es muß die K-4 von Unteroffizier Gröbke sein.
Während dieses ersten Besuches der mutmaßlichen Absturzstelle im Hardtwald bei Bad Kreuznach finden wir noch eine ganze Reihe anderer Teile, doch ein konkreter Anhaltspunkt für das Vorhandensein des Piloten läßt sich nicht erkennen.
»Vielleicht ist der Flugzeugführer damals doch aufgefunden wor-

den, eventuell sogar von den Amerikanern selbst«, meint Otto Schmitt. »Ich werde mal diesbezüglich herumhorchen.« Kurz vor Weihnachten 1971 schreibt er mir dann, daß er die beiden in der Nähe liegenden Ortschaften Traisen und Hüffelsheim aufgesucht habe. Von einem Gastwirt in Hüffelsheim kann Schmitt erfahren, daß die Amerikaner am 17. März 1945 die Dörfer westlich von Bad Kreuznach eingenommen hätten und dort verhielten. Da sei der Angriff deutscher Jagdflieger erfolgt und er, der Gastwirt, habe beobachten können, wie eine der Maschinen in die Hardt gestürzt ist. Der Pilot wäre nicht mehr herausgekommen.
Ein weiterer Augenzeuge also, der den betreffenden Absturz an diesem Tag bestätigen kann. Und der Pilot müßte sich noch in dem Flugzeug befunden haben.
Gleich zu Beginn des neuen Jahres wende ich mich an die Stadtverwaltung von Bad Kreuznach, um anhand der geschilderten Umstände in Erfahrung zu bringen, ob noch andere Augenzeugen zu ermitteln wären und ob vielleicht auf dem Ehrenfriedhof im Lohrer Wald ein unbekannter Flieger bestattet worden ist. Die Antwort, welche ich auf meine Anfrage hin erhalte, fällt zunächst negativ aus. Doch dann, Ende März 1962, teilt mir das Polizeiamt in Bad Kreuznach mit, daß ein gewisser Robert Hahn ebenfalls den Abschuß des deutschen Flugzeuges beobachtet hätte und anschließend, wahrscheinlich als einer der ersten überhaupt, zur Absturzstelle geeilt wäre. Am 8. April suche ich Herrn Hahn auf. Ich will ihn bitten, mit mir noch einmal in den Hardtwald zu gehen, damit er mir die exakte Aufschlagstelle zeigen kann.
Hahn ist, wie er mir unterwegs erzählt, zum Zeitpunkt des Geschehens 13 Jahre alt. Mit zwei gleichaltrigen Bekannten steht er an jenem 17. März zwischen 11 und 11.30 Uhr auf einer Anhöhe an der Rüdesheimer Straße. Da fliegen fünf oder sechs deutsche Jagdmaschinen* über den Lohrer Wald, wo auch die amerikanische Flak ringsherum Stellung bezogen hatte. Plötzlich erhält das dritte Flugzeug, von ihm aus gesehen rechts, einen Volltreffer, explodiert und geht senkrecht in das Gebiet des Teufelskopfes nieder. Zu

* Nach Scheers Aussage soll jedoch nur ein Schwarm (= vier Maschinen) nach Bad Kreuznach unterwegs gewesen sein, und nach dem Luftkampf sich nur noch die Rotte Scheer/Gröbke über dem genannten Gebiet befunden haben.

dritt machen sich die Jungen sofort auf den Weg und gelangen etwa eine Dreiviertelstunde später an die Absturzstelle. Dort glaubt hahn anhand des abgefetzten Leitwerkes zu erkennen, daß es eine Messerschmitt gewesen ist. Andere Teile liegen weit verstreut im Wald umher, über dem Rest der Maschine züngeln noch einzelne Flammen. »Vom Piloten selbst war nichts zu sehen gewesen. Ich nehme an, daß dieser schon bei der Explosion ums Leben gekommen ist.«

Unterdessen sind wir an der schon beschriebenen Weggabelung angelangt. Auch Robert Hahn führt mich an dieselbe Stelle, wo etwa der Motor gelegen haben soll. Danach weist er auf einen viel weiter bergauf liegenden Weg, der aber nicht in der Richtung liegt, in der wir damals die Bodenmulden abgesucht hatten. »Dort oben lag das Leitwerk, und noch weiter oberhalb haben sich die brennenden Reste befunden.«

Mir will das zwar nicht ganz einleuchten, denn die Anflugrichtung würde demnach eine andere gewesen sein. Die Lohrer Höfe, aus deren Richtung die Maschine den bisherigen Aussagen nach am 17. März die Hardt überflog, liegen praktisch im Winkel von 90 Grad rechts davon. Aber man soll nichts unversucht lassen, vielleicht hat die getroffene Messerschmitt noch einen Bogen geflogen und der Pilot eventuell sogar eine Notlandung versucht.

Während wir im unteren Bereich abermals eine Anzahl 3 cm-Geschosse aufspüren, läßt sich an der von Hahn vermuteten Stelle nicht das geringste Metallteilchen finden. Und das wäre an der eigentlichen Absturzstelle mit Sicherheit der Fall gewesen, auch wenn die Wrackteile seinerzeit von Schrotthändlern abgeholt wurden. Leider ist es in der Zwischenzeit nicht gelungen, herauszufinden, von wem die Trümmer einmal abtransportiert worden waren. Eine Jagdmaschine ist immerhin auch als Wrack nicht zu übersehen, und es muß eine große Anzahl von Teilen vorhanden gewesen sein. Allerdings trugen sowohl die vermutlich vorausgegangene Explosion als auch der steinige Waldboden dazu bei, daß diese Teile dann auf einer größeren Fläche verstreut gelegen haben mußten. Nun sind außerdem mehr als 25 Jahre vergangen, so daß auch damalige Augenzeugen – Robert Hahn war seitdem nicht wieder an dieser Stelle – sich im Gelände irren können, zumal der Wald

im Laufe der vielen Jahre sich gewandelt und einen anderen Charakter angenommen hat.
Der neuerliche Besuch auf der Hardt bringt uns keinen Schritt weiter, die genaue Aufschlagstelle bleibt unbekannt, doch neige ich zu der Vermutung, daß sie eigentlich nur in dem Bereich der vielen Bodenvertiefungen rechts vom Hauptweg liegen muß. Im Mai bin ich dann mit dem von mir über das Bad Kreuznacher Polizeiamt benachrichtigten Munitionsräumkommando der Bezirksregierung Koblenz noch einmal im Wald. Ich hatte darauf aufmerksam gemacht, daß inmitten des jetzigen Ausflugsgeländes und oft sogar unweit neben den Wegrändern noch etliche scharfe Geschosse zu finden sind, die jetzt von berufener Seite aus geräumt werden sollen.
Mein Versuch, einen der am Einsatz des 17. März 1945 beteiligten Flugzeugführer des JG 53 ausfindig zu machen, führt zunächst zu keinem befriedigenden Ergebnis. Der damalige Adjutant der III. Gruppe, Ernst Dieter Bernhard, schreibt mir, daß er an jenem Tag von Darmstadt-Griesheim wieder nach Kirrlach zurückverlegt hatte, daß jedoch der Staffelkapitän 11./JG 53, Günther Landt, möglicherweise etwas zu diesem Flug aussagen könnte. Auch Siegfried Luckenbach, seinerzeit Gruppenkommandeur, verweist mich an Landt. Dieser nun kann sich tatsächlich an den Unteroffizier Gröbke erinnern. Von ihm erhalte ich die Anschrift von Friedrich Scheer sowie einen weiteren Namen aus der 11. Staffel, Unteroffizier Fröschmann.
Am 19. Juli 1972 endlich steht es fest, wie der Einsatz des 17. März über Bad Kreuznach verlaufen ist. Ich habe darüber eingangs berichtet. »Ich muß jedoch gestehen«, so antwortet mir Scheer, »daß mir der Name meines Rottenkameraden entfallen war, und erst beim Lesen seines Namens in Ihrem Brief fiel mir wieder ein, daß Gröbke als Obergefreiter der 11. Staffel zugeteilt wurde und in der Volksschule, unser Quartier in Kirrlach, zum Unteroffizier befördert wurde.« Hingegen scheidet Unteroffizier Fröschmann als Mitflieger aus, da er sich zur fraglichen Zeit bereits als Jagdlehrer bei der Ergänzungsjagdgruppe in Straußberg befand. Kein Zweifel aber, daß der im Hardtwald von Bad Kreuznach abgestürzte Jagdflieger nur der Unteroffizier Werner Gröbke gewesen ist. Den Ab-

sturzort haben wir lokalisiert, Teile seiner Bf 109 K-4 gefunden. Was aber ist mit dem Piloten geschehen?
»Solange nichts von ihm gefunden ist, und wäre es auch nur ein Fetzen seiner Uniform oder ein menschlicher Knochen, solange wird dir nichts anderes übrigbleiben, als die umfangreiche Arbeit aufzunehmen, den Fall wiederum anhand von Indizien zu klären versuchen«, meint Waltraud, mit der ich diese Probleme schon mehr als einmal besprochen habe. »Bei dem Unteroffizier Silwester im Ahrtal ist das doch auch gelungen.«
»Du hast recht«, gebe ich zurück, »immerhin gibt es doch wohl keinen Zweifel mehr. Bei Bad Kreuznach hat zu jener Zeit nur ein Flugzeugabsturz stattgefunden. Die Uhrzeiten stimmen, die unabhängig voneinander gemachten Aussagen sowohl der Augenzeugen des Absturzes als auch der am Einsatz Beteiligten gleichen sich. Die Ortsangaben und der Ablauf des Geschehens sind in allen Aussagen identisch.«
Immer wieder frage ich mich, ob Gröbke nicht doch noch aus seiner Maschine herausgekommen sein könnte. Hätte er überlebt, dann wäre später eine entsprechende Rückkehrmeldung erfolgt. Unwillkürlich muß ich an die traurige Geschichte von Rott denken. In der Umgebung dieses kleinen Ortes nahe der belgischen Grenze südlich von Aachen mußte am 19. Dezember 1944 Leutnant Schlegel von der II./SG 4 nach Flaktreffer aus seiner Maschine abspringen. Die Amerikaner hatten anschließend auf den am Fallschirm niederschwebenden deutschen Piloten ein wahres Scheibenschießen veranstaltet. Regelrecht durchsiebt kam er am Boden an – tot. Als man daranging, den Mordfall rasch aus der Welt zu schaffen und die Leiche des Flugzeugführers auf einen Jeep lud, um sie »verschwinden« zu lassen, kam glücklicherweise ein beherzter Einwohner des Ortes dazwischen und konnte auf diese Weise den deutschen Flieger seiner Identifizierung zuführen, weil er sich den Namen auf dem Fallschirmpack gemerkt hat. Auch Leutnant Schlegel wäre ein Suchfall geblieben. C'est la guerre!
Nach den vorliegenden Aussagen hat niemand einen Fallschirmabsprung am 17. März bei Bad Kreuznach beobachten können. Auch wenn der Pilot kurz vor dem Aufschlag der Maschine noch freigekommen wäre und beim Absprung aus geringer Höhe den

Tod gefunden hätte, müßte man seine Leiche später irgendwo in unmittelbarer Nähe des Flugzeugwracks entdeckt haben. Das kann, wie einige andere Begebenheiten beweisen, unter Umständen erst Jahre danach der Fall gewesen sein. Diese Tatsache aber wäre sicherlich bekannt und aktenkundig gemacht worden. Dennoch, man weiß nie so recht, was sich in jenen letzten Kriegstagen allerorts im einzelnen abgespielt hat. Das Geschehen war nicht mehr überschaubar, zu viele Spuren sind im Zuge der Kampfhandlungen verwischt worden. Zu sehr konzentrierte sich alles auf den Einmarsch der gegnerischen Truppen und auf das damit verbundene eigene Schicksal.

Ende Januar 1975 fahren wir mit Otto Schmitt nochmals auf den Teufelskopf. Der gute Schmitt hatte vor längerem eine große Tafel angefertigt, die seitdem an einem der Bäume hängt, gut sichtbar für jeden, dessen Weg an der Gabelung vorüberführt. Und es sind nicht wenige Spaziergänger, die hier vorbeikommen. Vielleicht ist doch noch jemand darunter, der sich an die näheren Umstände erinnert, wenn er liest: »An dieser Stelle stürzte am 17. März 1945 ein deutsches Jagdflugzeug ab. Der Pilot ist noch vermißt. Wer etwas über den Absturz aussagen kann, wende sich bitte an die untengenannte Anschrift.« Ein Versuch nur, um weitere Informationen über den Verbleib des Flugzeugführers Werner Gröbke zu erhalten.

Es ist ein klarer, aber kalter Sonntag. Dort, wo die Sonne die Bäume nicht durchdringen kann, ist der Boden sehr feucht, und nach kurzer Zeit schon spüren wir die Kälte an unseren Beinen heraufkriechen. Außerdem wird es bereits schummrig, so daß wir die Suche bald abbrechen. Wiederum haben wir Munition und Kleinteile des Flugzeuges gefunden, und zwar alles im Bereich der schon erwähnten Mulden. Diesmal entdecke ich sogar ein Ausgleichsgewicht, die typische »Haifischflosse« des rechten Höhenruders sowie eine der schmalen Stabilisierungskanten. Die hellblaue Farbe ist tadellos erhalten geblieben. Und dann, wir sind schon im Aufbruch begriffen, spricht das Gerät nochmals an. Der laubbedeckte Boden gibt ein rundes Blechstückchen frei, welches ich sogleich mit dem Lappen säubere. »Hier, seht mal«, rufe ich aus. »Das Zifferblatt des Höhenmessers!«

Doch auch heute läßt sich wieder nichts entdecken, was zu dem Piloten der hier abgestürzten Messerschmitt gehört haben mag. Wir spüren zwar einige winzige Lederstückchen auf; sie sind jedoch nicht markant genug, um sie als Uniformteile anzusprechen. Und da auch ähnliches Material wie Stoffreste, die vom Fallschirm, von den Gurten oder anderen Ausrüstungsgegenständen herrühren könnten, einfach nicht zu finden sind, verstärkt sich in mir der Verdacht immer mehr, daß der Flugzeugführer, da ihm wegen des fast aus Baumwipfelhöhe erfolgten Absturzes kein Fallschirmabsprung mehr gelang, aus der Maschine herausgeschleudert worden ist und an einer anderen Stelle viel weiter vom eigentlichen Aufschlagort entfernt gelgen hat. Nicht gänzlich auszuschließen ist auch die Möglichkeit, daß in dem Zeitraum unmittelbar nach dem Absturz und dann später in den »Schrottjahren« von unbekannt bleibenden Personen Spuren entdeckt oder sogar verwischt worden sein mögen, welcher Umstand – wie es augenblicklich aussieht – auch nicht dazu beiträgt, die Hintergründe des eigentlichen Schicksals und den Verbleib des toten Jagdfliegers zu erhellen.
Noch mehrmals haben wir in den letzten Monaten die Hardt von allen Richtungen her untersucht und auch wieder Trümmerteile gefunden. Wir haben weitere Einwohner befragt, sind dem Flugweg der abgeschossenen Maschine gefolgt, konnten den Hergang des Absturzes rekonstruieren: Das Ergebnis ist gleich Null. Vielleicht sind wir wegen des unwegsamen Geländes an jene Stelle, an der der Pilot ums Leben kam, noch nicht herangekommen, aber vielleicht auch ist man bereits damals schon auf sterbliche Überreste dieses Fliegers gestoßen und hat sie irgendwo begraben – auch das haben wir ja schon erlebt.
Dennoch werden wir die Suche fortsetzen, werden wir weitere Recherchen anstellen, denn eines steht mit Sicherheit fest: Der Unteroffizier Werner Gröbke von der 11./JG 53 ist am 17. März 1945 hier im Gebiet des Hardt-Waldes bei Bad Kreuznach gefallen.

Iffezheim – Ahrweiler – Tiefenbach

In meinem ersten Buch habe ich bereits deutlich gemacht, daß es *vor* einer Bergung in einigen Fällen nicht möglich ist, mit Bestimmtheit sagen zu können, ob das Wrack auch noch den gefallenen und vermißten Flugzeugführer verbirgt. Ich bemühe mich deshalb, mein Bestreben jeweils in die Richtung zu lenken, alles zu unternehmen, wenigstens den *Versuch* einer Grabung in Gang zu bringen, um dadurch absolute Gewißheit zu erlangen, ob ein Vermißtenschicksal aufgeklärt werden kann oder nicht. Denn auch ein leeres Flugzeugwrack gilt für mich als ein positives Ergebnis, weil dann mit Sicherheit anzunehmen ist, daß die betreffende Besatzung zumindest die Maschine verlassen konnte und vielleicht den Absturz überlebt hat. Größere Schwierigkeiten bereitet es hingegen, wenn wir einen Piloten suchen, über dessen Identität mit an Sicherheit grenzender Wahrscheinlichkeit kein Zweifel herrscht, die Beweise hierfür aber nicht ausreichen, um den Fall aus verschiedenen und nicht unwesentlichen Gründen behördlicherseits abschließen zu können.

Daß es dennoch gelingt, ein solches Schicksal mitunter zu erforschen, ist das Ergebnis intensiver Kleinarbeit, Beharrlichkeit und die Auswertung aller erreichbaren Daten und Fakten. Ein Beispiel hierfür ist der schon im vorangegangenen Buch beschriebene Fall des Unteroffiziers Silwester, den ich nach Monaten und nur aufgrund von vielen, unumstößlichen Indizien einer amtlichen Beurkundung durch die Deutsche Dienststelle in Berlin zuführen konnte.

Bei anderen Begebenheiten muß ich feststellen, daß der Verbleib

des Flugzeugführers keineswegs ungewiß ist. Aber erst im Verlauf einer Bergung oder im Anschluß daran wird das Erinnerungsvermögen vieler Einwohner wieder geweckt. Plötzlich findet sich ein Augenzeuge oder Informant, der den genauen Hergang des Absturzes zu schildern weiß, und so erfährt man von abgesprungenen oder nahe dem Wrack aufgefundenen Gefallenen. Nicht immer darf man den Aussagen trauen. Zu viele Jahre liegen dazwischen, zu viel ist unterdessen geschehen, um die Ereignisse von damals noch exakt wiedergeben zu können. Aber so gegensätzlich manche Berichte ausfallen, so detailliert und präzise wiederum lauten die Angaben etlicher anderer Personen.
Ich möchte aus diesem Grunde einmal einige solcher Fälle, wie sie oben angeführt sind, auf den folgenden Seiten aufzeichnen.

*

Pferderennen in Iffezheim – wer denkt da nicht an das bunte Treiben an dieser, über unsere Grenzen hinaus bekannten Stätte des Pferdesports, wenn sich dort alljährlich das internationale Publikum einfindet, um den Wettkampf der Jockeys in farbenfrächtigem Dreß, der schlanken Pferde aus allen bekannten Rennställen zu beobachten und zu bewundern. Aber im Jahre 1973 soll ein ganz anderes, kein sportbezogenes Ereignis die Aufmerksamkeit auf den badischen Ort lenken.
Es beginnt damit, daß ein Bauunternehmer aus Iffezheim das dortige Bürgermeisteramt aufsucht und zu Protokoll gibt, daß im Gewann Lehmlöcher, der heutigen Pferdetrainingszentrale, im Jahre 1945 ein Flugzeug abgestürzt sei. »Nach langer Zeit habe ich mich dieser Tage an den Vorfall wieder erinnert.« Damals, 15 Jahre alt, war er an der Absturzstelle gewesen und konnte feststellen, daß das Flugzeug völlig in der Erde verschwunden war.
Aber es sollen zwei Jahre vergehen, bis sich dem Landratsamt in Rastatt, dem die Aussagen zugeleitet worden sind, eine Möglichkeit bietet, entsprechende Schritte zu unternehmen und mit Hilfe einer Pioniereinheit der Bundeswehr eine Bergung anzusetzen. Am 15. Januar 1973 ist Oberstleutnant Roschach vom Wehrbereich V in Stuttgart mit geeignetem Gerät zur Stelle, ebenfalls zwei Ange-

hörige des Volksbundes Deutsche Kriegsgräberfürsorge. Unterdessen liegt auch die Aussage eines anderen Augenzeugen vor, wonach der Pilot der im kiesigen Erdreich verborgenen Maschine nicht mehr aussteigen konnte und sich noch in dem Wrack befinden müßte. Doch die nun beginnende Bergungsaktion widerlegt diese Vermutung.

Unter der Aufsicht der Luftwaffenoffiziere und des VdK schaufelt sich der Bagger in den Erdboden hinein. Im lehmigen, nassen Grund kommen Teile eines, so glauben die Beteiligten zu erkennen, Messerschmitt-Jagdflugzeuges zum Vorschein. Feldjäger haben das Gelände abgesperrt und halten die Schaulustigen fern, damit man ungestört die jetzt schon tief hinunterführende Grube nach menschlichen Überresten absuchen kann. Aber an keiner Stelle, an keinem der gefundenen Gegenstände läßt sich erkennen, daß der Flugzeugführer sich noch in der Erde befindet. Die geborgenen Trümmer, darunter der komplette Motor, gut erhaltene Instrumente sowie Bleche von Rumpf und Tragflächen läßt Oberstleutnant Roschach in die Bundeswehrkaserne von Achern transportieren, um vielleicht anhand eingestanzter Nummern und Buchstaben etwas über die Maschine und somit über den Absturz in Erfahrung bringen zu können.

Ein ehemaliger Flaksoldat einer damals in der Nähe in Stellung gegangenen Batterie der Eisenbahnflak meldet sich nach Bekanntwerden der Bergung und sagt aus, daß er im November 1944 einen Luftkampf zwischen deutschen Jägern und amerikanischen Flugzeugen – Marauder und Thunderbolt – über dem Raum Baden-Baden beobachten konnte, wobei zwei deutsche Maschinen abgeschossen worden sind. Der Pilot des einen Jägers stieg aus, doch sein Fallschirm öffnete sich nicht. Und dieser Pilot wäre auf dem Friedhof von Iffezheim bestattet worden. Allerdings, so kann Roschach herausfinden, lassen sich im Gräberverzeichnis des genannten Friedhofes keine Unterlagen darüber finden.

Als Oberstleutnant Roschach zu seiner Dienststelle zurückkehrt und sich dort weiter mit dem Fall Iffezheim beschäftigt, legt ihm Hauptmann Möllmann ein Buch auf den Schreibtisch. Es ist mein Buch »Die nicht zurückkehrten«. Möllmann leitete im Juni 1969 die Bergung der Reste der von Leutnant Harms, II./JG 53, geflo-

Uffz. Werner Gröbke (2. v. r., mit Kameraden der 11. Staffel JG 53 in Kirrlach) wurde am 17. März 1945 bei Bad Kreuznach aus geringer Höhe abgeschossen. Der Verbleib des Flugzeugführers ist noch nicht restlos geklärt – nur Trümmer seiner Maschine konnten bisher aufgefunden werden. *(via Heinz Polak)*

Kurz nach dem Abheben: Messerschmitt Bf 109 K-4 einer nicht bekannten Jagdstaffel. Mit einer Maschine dieses Typs startete Uffz. Gröbke zu seinem letzten Flug. *(via Friedrich Trenz)*

Am 15. Januar 1973 wurde bei Iffezheim das Wrack einer Bf 109 G-14 geborgen. Wie sich später nach Untersuchung der Trümmer herausstellte, ist der Pilot, Fw. Lautenschläger von der 13./JG 4, Ende November 1944 im Luftkampf gefallen; man fand ihn damals unweit der abgestürzten Maschine. *(via Julius Roschach)*

Bf 109 G-14 der II./JG 3 »Udet«. Auch die IV./JG 4, mit der Fw. Lautenschläger zu seinem letzten Einsatz aufstieg, war mit diesem Flugzeugmuster ausgerüstet. *(Rudolf Wahl)*

Ausgleichgewicht des rechten Höhenruders, eine Heißöse vom DB-605-Motor, Zifferblatt des Höhenmessers sowie eine Stabilisierungskante und ein Gurtglied der 3-cm-Munition – nur einige Reste der bei Bad Kreuznach abgestürzten Bf 109 K-4 des Uffz. Gröbke.

Fundstücke, die für die Klärung von Vermißtenschicksalen unter Umständen von äußerster Wichtigkeit sein können: Das Typenschild mit der Werknummer einer FW 190 D-9, welche im März 1945 im Hunsrück notgelandet war und deren Pilot – vermutlich vom JG 2 – unverletzt in Gefangenschaft geriet. Ferner das zu einem BMW-801-Sternmotor gehörende Typenschild, ausgegraben in Tiefenbach, Krs. Simmern. Gleichfalls von einer Focke-Wulf stammt das Typenschild vom Sicherungs- und Verteilerkasten der Bordwaffenanlage, welches Auskunft über die Art der Bewaffnung (MG 151 und MG 131) gibt. Mitunter aber führen die Recherchen auch auf die Spuren abgestürzter alliierter Maschinen, wie das Typenschild des Sauerstoff-Regulators einer am 25. September 1944 bei Bad Soden/Ts. abgeschossenen Fortress beweist.

Focke-Wulf FW 190 D-9. Auf die Trümmer eines solchen Flugzeugmusters stieß man Anfang März 1974 bei Planierungsarbeiten in Aldenhoven bei Jülich. Das Schicksal des gefallenen Flugzeugführers konnte hingegen noch immer nicht aufgeklärt werden.

Der wuchtige Jumo 213 A der FW 190 D-9 von Aldenhoven. Leider war es nicht möglich, dieses Triebwerk anhand der Motornummer einer bestimmten Maschine zuzuordnen, um den Piloten auf diesem Umweg identifizieren zu können. *(Günter Schmitz)*

genen Messerschmitt im Forst von Dieburg und hatte mich bei dieser Gelegenheit dort auch kennengelernt. Roschach genügt es schon, das Buch nur grob zu überfliegen, ehe er zum Telefonhörer greift.

Es muß etwa gegen zehn Uhr abends des 24. Januar gewesen sein, als mich der Anruf des Oberstleutnants erreicht. So erfahre ich von der Bergung in Iffezheim. »Schade«, meint Roschach, »daß Hauptmann Möllmann mir Ihr Buch nicht früher zeigen konnte, denn dann hätte ich Sie eher informiert, damit Sie an der Bergung hätten teilnehmen können.« Roschach sagt mir, daß er die gefundenen Teile aufbewahrt habe und fragt mich gleichzeitig, ob ich nicht bald nach Achern kommen könnte, um diese Trümmer zu begutachten und auszuwerten.

Rasch entschlossen verabrede ich sofort einen Termin für den kommenden Sonnabend, und militärisch kurz gibt mir Roschach noch den Hinweis: »Autobahn bis Abfahrt Achern, Richtung Osten, Schild mit schwarzer Schrift: Kaserne. Treffpunkt 10 Uhr Hauptwache!«

Der Himmel ist noch dunkel, als Waltraud und ich auf der Autobahn Karlsruhe nach Süden fahren. Ein unfreundlicher Tag scheint das zu werden: Schneeregen, stellenweise dichte Nebelbänke und Glatteis lassen uns nur zögernd vorankommen. Zudem ist es bitterkalt. Die Wolken hängen tief, die Sicht ist miserabel. Kurz vor zehn Uhr befinden wir uns auf dem Zubringer, der zu den Kasernen führt. Vor uns erhebt sich der Schwarzwald mit schneebedeckten Kuppen, die höchste davon die Hornisgrinde. Auf die Minute genau zur vereinbarten Zeit stehen wir auf dem Parkplatz vor dem Haupteingang des Heeresstandorts und wollen uns gerade bei der Wache melden, als auch schon der Oberstleutnant erscheint. Was sonst Zivilpersonen Schwierigkeiten bereiten dürfte, geht jetzt reibungslos vor sich: Ein Wink, wir passieren mit unserem Wagen den Schlagbaum und fahren Roschach nach. Es geht um viele Ecken herum, bis wir endlich vor einer langgesteckten Halle halten.

Die Trümmer der Iffezheimer Maschine befinden sich noch auf der Ladefläche eines großen LKW, dessen Rückplanke wir jetzt herunterlassen. Der schon hinreichend bekannte »Bergungsdunst« –

Treibstoff- und Ölgeruch, der noch an den Teilen haftet – schlägt uns entgegen. Ich klettere auf den Wagen. Vor mir liegt die fast komplette, lange Kurbelwelle eines Daimler-Benz-Motors, dahinter eines der beiden Kolbengehäuse des V-förmigen Triebwerkes, ein DB 605. Rechts davon, eingekeilt in der Blechmasse, ein verbogenes MG 131, in dem sich noch zwei Geschosse befinden. Und da auch zwischen den anderen Teilen immer wieder Bordmunition sichtbar wird, lege ich diese separat in die eine Ecke des Lastwagens und bitte den Oberstleutnant, zu veranlassen, daß sowohl MGs – die beiden anderen Waffen sind ebenfalls vorhanden – als auch die Munition in Sicherheit gestellt und von Experten vernichtet oder unbrauchbar gemacht werden.

An einem Teil, welches von der Rumpfseite vor der Kanzel stammt, läßt sich noch ein Stück der stromlinienförmigen Abdeckung des Laders erkennen, so daß ich mit Bestimmtheit sagen kann, daß die Maschine mit einem DB 605 AS-Motor ausgerüstet gewesen war. Den zusätzlichen Beweis dafür liefern die Zündkerzen, die zum Teil noch sehr gut erhalten geblieben sind. Die Gravur der Bosch-Kerzen und die Art der vorgefundenen Munition lassen nun keinen Zweifel: Die Maschine ist eine Messerschmitt Bf 109 G-14/AS, also eine Version mit Höhenmotor.

Unter den Blechresten, die ich eingehend untersuche, finde ich schließlich ein größeres Teil der Rumpfabdeckung mit weißen Farbresten, die der Größe nach zum taktischen Zeichen des Flugzeuges gehört haben müssen. Ein geradliniger Farbstreifen, obwohl an vielen Stellen abgeplatzt, deutet auf eine »1« hin, und daneben, sich farblich von der Oberfläche der übrigen Metallhaut abhebend, eine Rundung, eine »3«, »8« oder »9«.

»Mit dieser Ausbeute kann ich schon etwas anfangen«, wende ich mich an Roschach. »Ich werde nach unserer Rückkehr sofort nachsehen, ob ich eine Bf 109 mit ähnlicher Kennung als Verlust verzeichnet finde.«

Oberstleutnant Roschach, mit dem wir zum Abschluß im Seehotel Achern noch eine Tasse Kaffee trinken, ist an der Auswertung sehr interessiert und bittet mich, ihm gleich das Ergebnis meiner Recherchen mitzuteilen. Danach verabschieden wir uns, nicht bevor mir Roschach ein Angebot macht, welches ich nur zu gern zu ak-

zeptieren bereit bin: »Wenn Sie in unserem Bereich wieder einmal einen Bergungsfall haben sollten, dann benachrichtigen Sie mich umgehend. Wir haben alle Geräte zur Verfügung, und wir werden sofort zur Stelle sein, um Ihnen zu helfen!«
Bleibt nur noch zu erwähnen, daß ich die Maschine tatsächlich identifizieren kann. Die Aussage des Flaksoldaten, wonach der Absturz im November stattgefunden hat, bestätigt sich. Am 25. November 1944 startet die einen Monat zuvor aus der II./JG 5 (Eismeer) hervorgegangene IV. Gruppe JG 4 des Hauptmann Wienhusen zu einem Abwehreinsatz gegen die 9. taktische US-Luftflotte in den Raum Straßburg. Über Baden-Baden, Rastatt und Iffezheim kommt es mit amerikanischen Thunderbolt zu einem schweren Gefecht, in dessen Verlauf drei Flugzeugführer der Gruppe fallen. Einer dieser Piloten, der Feldwebel Siegfried Lautenschläger, wird direkt über Iffezheim abgeschossen, der Absprung gelingt ihm nicht, da sich vermutlich der Fallschirm nicht öffnet. Man findet den Piloten unweit der Stelle, an der seine Bf 109 G-14/AS, die weiße »13«, in den Erdboden eingeschlagen ist. Feldwebel Lautenschläger, dessen Flugzeugreste wir nach mehr als 28 Jahren in Achern untersuchen, wird zunächst in Iffezheim bestattet, um ein Jahr später in seine Heimat nach Schwandorf/Oberpfalz überführt zu werden.
Die beiden anderen Piloten der IV./JG 4, Unteroffizier Müller und Oberfähnrich Schmill, die am 25. November 1944 die weiße »20« und die blaue »2« flogen, haben auf den Friedhöfen von Bietigheim und Stollhofen ihre letzte Ruhestätte gefunden.

*

Der letzte große Gegenstoß der deutschen Wehrmacht im Westen, die Ardennenoffensive, beginnt am 16. Dezember 1944. Unter Ausnutzung der schlechten Wetterverhältnisse brechen die Truppen und Panzerverbände aus den Bereitstellungen der Eifel hervor, durchstoßen die amerikanischen Frontlinien und zwingen den überraschten und verwirrten Gegner stellenweise zum Rückzug. Doch dann, am 23. Dezember, klart das Wetter auf, die alliierten Luftstreitkräfte können zum erstenmal seit acht Tagen wieder wir-

kungsvoll in Aktion treten, und es sind immer wieder die Jabos, die ihren eigenen Truppen jede nur mögliche Entlastung bringen.
Zur gleichen Zeit starten Marauder-Verbände der 9. USAAF zum Angriff auf die hinter der deutschen Front liegenden Verkehrsziele und Nachschubwege. Es gilt, vor allem die zur Ardennenfront führenden Eisenbahnlinien zu zerschlagen. Zu einem der wichtigen Bahnknotenpunkte in diesem Raum zählen die Anlagen bei Ahrweiler, welche die zweimotorigen Kampfflugzeuge am 23. Dezember auszuschalten versuchen. Verlustreiche Einsätze, bei denen 36 Maschinen abgeschossen werden.
Auf der eigenen Seite hat das Luftwaffenkommando West Verbände des JG 2, JG 3 und des JG 11 in den Abwehrkampf geworfen. Auch hier treten hohe Ausfälle auf. So verliert die III. Gruppe des Jagdgeschwaders 2 über dem genannten Gebiet fünf Flugzeugführer, einer davon ist der Unteroffizier Burger, dessen Schicksal wir im Jahre 1968 im Zusammenhang mit der Bergung von Heinrich Bartels vom JG 27 aufklären konnten. Burger war bei Meckenheim abgestürzt und galt als vermißt.
Eine zweite Focke-Wulf aus Burgers Staffel, der 12./JG 2, ist am 23. Dezember über Ahrweiler das Opfer gegnerischen Abwehrfeuers geworden. Albert Kurth aus Bachem, unweit von Ahrweiler, beobachtet gegen 15 Uhr, wie diese Jagdmaschine in ein nur wenige Kilometer vom Ort entferntes Waldgelände hineinstürzt. »Ich lief sofort zur Absturzstelle, konnte jedoch nicht an das Flugzeug heran, da die Maschine brannte und die Munition explodierte«, berichtet er später. Der 17jährige Kurth wartet über eine Stunde lang, ehe er es wagt, sich dem ausgeglühten Wrack zu nähern. Am Sternmotor und am Hakenkreuz auf dem Leitwerk erkennt er, daß es eine deutsche Maschine gewesen ist. Der gefallene Pilot steckt noch in den Trümmern, aber sein Oberkörper ragt seitlich daneben heraus – verbrannt. Da es inzwischen dunkel geworden ist, verläßt Alfred Kurth die Stelle und begibt sich gleich am Vormittag des folgenden Tages erneut dorthin. Sein Interesse gilt dem toten Flieger.
Kurth entdeckt in der Uniformtasche ein Soldbuch. Als er es öffnet, erblickt er das Foto des unglücklichen Fliegers. Hans oder Heinz Schneider steht darunter, und auch auf einem Taschentuch, wel-

ches er bei dem Gefallenen findet, lassen sich die Initialien H. Sch. erkennen. Die Funde übergibt Kurth nach seiner Rückkehr aus dem Wald einem älteren Einwohner der Gemeinde Bachem, damit sie über das Bürgermeisteramt ordnungsgemäß weitergeleitet werden sollen, aber wie wir späterhin erfahren, ist diese Person nicht mehr zu ermitteln. »Was weiterhin mit den Überresten des Piloten geschehen ist, wo sie begraben wurden, kann ich leider nicht sagen.«

Es ist mein guter Freund Günter Schmitz, der diesen Vorfall Ende des Jahres 1972 wieder gegenwärtig werden läßt. Im weiteren Umkreis von Ahrweiler, immer wieder auf der Suche nach Absturzstellen, hat er auch das betreffende Waldstück durchkämmt, wobei er auf kleinere Reste einer Focke-Wulf stößt. Schmitz ist es auch, der den Augenzeugen Kurth ausfindig macht und ihn zu diesem Ereignis befragt. Mitte Januar 1973, nachdem Schmitz nochmals den Ort des Absturzes untersucht hat und dort sogar noch einige Skelett-Teile auffinden konnte, wendet er sich an mich, um zu erfahren, ob mir ein Jagdflieger H. Schneider als Verlust bekannt wäre. Und das ist tatsächlich der Fall.

Feldwebel Heinz Schneider, Angehöriger der 12./JG 2, Pilot einer FW 190 A-8, gilt seit dem 23. Dezember 1944 im Großraum Bonn als vermißt. Von der Deutschen Dienststelle erhalte ich auch gleich die Bestätigung: Schneider wird noch als Suchfall geführt.

Wohin gelangte aber das Soldbuch? Diese Frage beschäftigt mich, als ich wieder einmal meine Unterlagen im Zimmer ausgebreitet habe und die Einsatzabläufe studiere. Jetzt kennen wir den Namen, doch kein Mensch weiß, was mit dem Gefallenen nach seinem Absturz geschehen ist, denke ich. Wieder so ein tragischer Fall, dessen Aufklärung wohl erhebliche Schwierigkeiten bereiten wird. Denn solange es nicht gelingt, den Verbleib des Toten festzustellen, solange bleibt es ein Vermißtenfall – auch wenn der Name bekannt ist. Angestrengt überlege ich, ob man noch einen zusätzlichen Beweis erhalten könnte, daß es sich bei dem gefallenen Flugzeugführer auch wirklich um den Feldwebel Heinz Schneider handelt, und während ich mich in meine Aufzeichnungen vertiefe, habe ich einen Einfall. Eine Idee nur, die sicherlich nicht zur vollständigen Klärung führen wird, jedoch ein zweifelsfreies Indiz sein würde.

Am 7. April 1973 fahren wir zu Schmitz. Mit unserem schon lange angekündigten Besuch in Ahrweiler will ich eine Besichtigung der Absturzstelle verbinden und will ferner versuchen, zusammen mit Günter Schmitz den Augenzeugen noch einmal zu befragen. Zu diesem Zweck habe ich aus der Bildliste des DRK-Suchdienstes eine Reihe Fotos von vermißten Jagdfliegern zusammengestellt. Doch zunächst führt uns der Weg hinauf in den Wald. Die Stelle, an der die Focke-Wulf aufgeschlagen war, liegt ein paar Meter unterhalb des schmalen, wohl fast ausschließlich für Holzfuhrwerke vorgesehenen Waldweges. Schmitz zeigt mir den Ort, wo sich der gefallene Pilot befunden haben mußte, und mit dem Suchgerät horchen wir das Gelände noch einmal ab; es könnte ja immer sein, daß man doch noch einen brauchbaren Fund macht, der der Klärung des Falles einen Schritt näher bringt.

Anschließend fahren wir zurück nach Bachem und suchen Alfred Kurth auf, den wir in seinem Garten antreffen. Leider kann uns Kurth auch jetzt nicht mehr berichten als das, was er schon früher ausgesagt hatte. Es soll jedoch von einigen Einwohnern beobachtet worden sein, wie man den Körper des toten Fliegers aus dem Wald abtransportiert hat. Wann und wohin, daß weiß niemand mehr. Ich hole die mitgebrachten Abbildungen hervor, die Namen darauf habe ich wohlweislich weggelassen. »Bitte, schauen Sie sich einmal diese Fotos an«, fordere ich Kurth auf, und Schmitz fügt hinzu: »Sie haben doch seinerzeit das Foto im Soldbuch gesehen.«

Kurth nickt stumm. Er tritt näher heran, betrachtet sich die Vorlagen genau und deutet mit dem Finger sofort auf eines der Bilder: »Das hier ist er!« kommt die Antwort. Es ist das Foto von Feldwebel Heinz Schneider!

»Kein Zweifel?« frage ich zurück.

»Nein. Ich erkenne den Mann wieder. Das Foto, welches ich damals im Soldbuch gesehen habe, ist mir nur zu gut in Erinnerung geblieben. Der hier abgebildete Flieger ist dieselbe Person.«

Ich bitte Herrn Kurth, mir eine entsprechende schriftliche Erklärung anzufertigen und füge hinzu, daß er seine Angaben vielleicht zu gegebener Zeit beeiden müßte. Denn das hier scheint mir ein eindeutiger Beweis dafür zu sein, daß der bei Bachem abgestürzte Flugzeugführer Feldwebel Schneider vom JG 2 gewesen ist.

Wie schon im Fall des Unteroffiziers Silwester schreibe ich in den nächsten Tagen einen Bericht für die Deutsche Dienststelle, um von dort anhand der bisherigen Nachforschungen prüfen zu lassen, ob der Suchfall Heinz Schneider abgeschlossen werden kann. Aber, wie schon erwähnt, es fehlt eine der wichtigsten Prämissen für eine solche Beurkundung: Wir wissen nicht mit Sicherheit, wo sich die sterblichen Überreste des Piloten heute befinden, wohin man sie gebracht haben mag und an welcher Stelle jetzt endlich seine Gebeine ruhen. Zwar anerkennt auch die WASt die vorliegenden Ergebnisse; sie reichen leider nicht aus, um behördlicherseits und den Vorschriften nach den Vermißtenfall zu den Akten legen zu können.
Günter Schmitz und ich werden weiterforschen. Schmitz, der ja in unmittelbarer Nähe des Absturzgebietes wohnt, hofft doch noch jemanden in Bachem oder Umgebung ausfindig zu machen, der den Abtransport des Jagdfliegers beobachtet hat oder sogar selbst daran beteiligt war. Viele der alten Einwohner leben nicht mehr, und so wird es schwer sein, Gewißheit über den endgültigen Verbleib von Feldwebel Heinz Schneider zu erlangen.

*

Der Landwirt Rudolf Göhl ist der erste, der an jenem Wintertag Anfang Dezember 1944 aufgeregt aus dem Haus stürzt, zu seinem Feld rennt und schließlich vor einem etwa zwei Meter tiefen Krater stehenbleibt, in dem vor wenigen Minuten der Rumpf eines deutschen Jagdflugzeuges verschwunden war. Mit unvorstellbarer Wucht hatte sich die Maschine in den lehmigen Boden gebohrt, Tragflächen und Leitwerk waren zum Teil abgebrochen, die Blechfetzen liegen verstreut um den Trichter. Von einem Piloten keine Spur. Vergeblich versucht Göhl späterhin immer wieder, etwas über diesen Absturz zu erfahren. Auch andere Einwohner der Soonwaldgemeinde Tiefenbach im Kreis Simmern hatten die Maschine niedergehen gesehen; sie war ziemlich niedrig herangeflogen und soll am Ortsrand noch ein Haus gestreift haben, ehe sie dann auf dem Acker aufschlug.
Indes, die Alliierten sind im Vormarsch, der Krieg neigt sich dem

bitteren Ende zu, das Geschehen um den Absturz in Tiefenbach gerät in Vergessenheit. Längst hat Rudolf Göhl den entstandenen Trichter wieder eingeebnet und Getreide darüber wachsen lassen. Das Leben mußte weitergehen.

Otto Schmitt aus Guldental kommt diesem Ereignis vom Dezember 1944 wieder auf die Spur, als er, angeregt durch meine Nachforschungen, im Sommer 1973 von dem Absturz in Tiefenbach Kenntnis erhält. Ich mache ihm den Vorschlag, im Ort nach Personen zu suchen, die sich eventuell noch an den Tag erinnern können, an dem die Maschine abgestürzt ist. Vielleicht wäre es mir dann möglich, eine bestimmte Einheit oder sogar einen bestimmten Flugzeugführer zu ermitteln, der in diesem Gebiet als gefallen oder vermißt in Frage kommt.

Nur einige Tage darauf ruft mich Schmitt an: »Landwirt Göhl war Augenzeuge des Absturzes. Die Stelle ist genau bekannt. Ich ging selbst auf das Feld und konnte noch die Mulde erkennen, die Göhl damals zugeschüttet hatte. Allerdings, über den Piloten weiß keiner etwas zu sagen.«

»Gut«, erwiderte ich. »Wir sollten auf alle Fälle eine Bergung anzusetzen versuchen, damit man weiß, ob sich noch jemand in der Maschine befindet oder nicht.«

Ich setze mich mit der der Gemeinde Tiefenbach nächstliegenden Bundeswehreinheit in Rheinböllen in Verbindung, erkläre den Sachverhalt und bitte um Unterstützung. Von Rheinböllen wird, da man nicht über geeignetes Gerät verfügt, mein Ansuchen an das Pionierbataillon 850 nach Koblenz weitergeleitet. Und von dort erhalte ich dann auch verhältnismäßig schnell die Antwort. Oberstleutnant Woite, der Kommandeur, reagierte rasch: Am 26. September 1973 wird eine Pioniereinheit die Bergung in Tiefenbach in Angriff nehmen.

Bei schönem, sonnigem Herbstwetter beginnen wir an der von Alfred Göhl bezeichneten Stelle zu graben, nachdem die Pioniere vorsorglich das Terrain mit Stacheldraht gesichert hatten, so daß ein ungestörtes Arbeiten gewährleistet ist. Es dauert auch nicht lange, da fördert der Raupenbagger die ersten Teile der Maschine aus dem jetzt etwa vier Meter tiefen Erdloch ans Tageslicht, und ich dirigiere die Schaufel so, daß sie jeden Aushub nebeneinandersetzt, damit wir das Erdreich gründlich untersuchen können. In ihm stecken zerrissene und verbogene Bleche des Rumpfes, ein Propellerblatt, viele kleine Stücke Verstrebungen, Drähte und Gestänge, Teile vom Motor.

Die Maschine – eine Focke-Wulf, wie die Fahrwerkbeine nun eindeutig aussagen – ist schwer bewaffnet gewesen. Wir finden zwei MG 151 vom Kaliber 2 cm sowie zwei MK 108 vom Kaliber 3 cm, jedoch keine Munition, von wenigen, bereits abgefeuerten Hülsen abgesehen. Könnte ein Sturmjäger gewesen sein, überlege ich mir. Die Bewaffnung deutet darauf hin.

Kein Anzeichen hingegen für das Vorhandensein des Flugzeugführers. Am späten Nachmittag haben die Pioniere praktisch das in der Erde verborgen gewesene Wrack einschließlich des BMW-Sternmotors komplett gehoben, und die sorgfältige Untersuchung ergibt zweifelsfrei: Die Maschine ist leer, der Pilot muß die Focke-Wulf vor dem Absturz verlassen haben, ein vorliegender Vermißtenfall in Tiefenbach ist mit Sicherheit ausgeschlossen. Unser Dank aber gilt an dieser Stelle den Koblenzer Pionieren, die uns Hilfestellung gegeben und in vorbildlicher Weise die Bergung durchgeführt haben.

Aufgrund der Tatsache, daß sich nachweislich niemand mehr in dem Flugzeug befunden haben mußte, als dieses auf dem Acker zerschellte, tritt plötzlich ein neuer Aspekt in den Vordergrund. Der Gemeindeinspektor Böhmer vom Amt Stromberg, von uns bei der vorangegangenen Ortsbesichtigung über die Bergungsaktion informiert, verweist jetzt noch einmal auf den mysteriösen Fall von Dörrebach, denn in dieser Ortschaft bei Stromberg liegt seit dem Herbst 1946 ein unbekannter deutscher Flieger begraben, dessen wenige Überreste man im genannten Zeitraum im Walde aufgefunden hatte und von dem man nicht weiß, wann und unter welchen Umständen er gefallen ist. Lediglich ein Schloß, vermutlich vom Fallschirm, mit deutscher Aufschrift, war der einzige brauchbare Anhaltspunkt. Und so richten sich natürlich die Spekulationen automatisch auf Dörrebach. Könnte der dort liegende unbekannte Flieger der vorher abgesprungene Flugzeugführer von Tiefenbach gewesen sein?

Meine Bemühungen, in der Bergung von Tiefenbach und dem

Toten in Dörrebach einen Zusammenhang zu finden, verlaufen fruchtlos. Aber ich erfahre dabei etwas anderes. Nach langen Wochen harter Puzzlearbeit und umfangreicher Recherchen weiß ich, daß in den Orten Kellenbach und Henau, nicht allzu weit von Tiefenbach entfernt, am 2. Dezember 1944 zwei Jagdflieger der IV. Sturmgruppe des JG 3 gefallen sind. Der Oberleutnant Wilhelm Volkmann, Staffelkapitän der 16./JG 3, wurde erst Monate später im Wald bei Henau tot aufgefunden, der zweite Pilot, Oberfähnrich Emmerich Sarley, der heute auf dem Friedhof von Simmern ruht, stürzte nach Luftkampf bei Kellenbach tödlich ab. Und jetzt glaube ich auch, eine Parallele erkennen zu können.
Die Sturmgruppen flogen fast ausschließlich die schwerer bewaffneten und gepanzerten Versionen der Focke-Wulf, wobei sich die Bordwaffen hauptsächlich in den Tragflächen befanden. Normalerweise waren die FW 190 A-8 mit zwei über dem Motor liegenden MG 131 ausgerüstet, die bei der Sturmjägerausführung oft fehlten und man dafür zusätzlich zu den in den Flügelwurzeln angeordneten MG 151/20 eine 3 cm-Kanone in jeder Tragfläche unterbrachte. Als ich bei der Bergung in Tiefenbach feststellte, daß unter den vier aufgefundenen Waffen kein MG 131 war, neigte ich dort bereits zu der Annahme, daß es ein Sturmjäger gewesen sein müßte, eventuell eine FW 190 A-8/R 2.
»Wenn nur wenige Kilometer vom Bergungsort entfernt zwei Flugzeugführer der Sturmgruppe mit ihren Maschinen abgestürzt sind«, so schreibe ich an Otto Schmitt, »dann liegt es doch nicht außerhalb der Möglichkeit, daß auch die in Tiefenbach heruntergekommene Focke-Wulf dieser Einheit angehört hat. Wenn Sie das nächste Mal nach Kellenbach und Henau kommen, forschen Sie doch noch einmal nach, ob das Datum der Abstürze übereinstimmt und einwandfrei zutrifft.«
Unterdessen habe ich die genannten Piloten auch in meinen Aufstellungen herausfinden können. Sie sind beide tatsächlich am 2. Dezember 1944 abgeschossen worden, an einem Sonnabend, der für das JG 3 ein schwarzer Tag gewesen ist.
Die 8. amerikanische Luftflotte führt an diesem Tag großräumige Angriffe gegen Verkehrsziele zwischen Köln und Bingen durch, und es sind vorwiegend die Einheiten des Jagdgeschwaders 3

»Udet«, die den Abwehreinsatz bestreiten. So startet um die Mittagszeit auch die IV. Sturm/JG 3 von dem bei Paderborn gelegenen Flugplatz Geseke, versammelt sich mit den anderen Gruppen des Geschwaders, die den Jagdschutz übernehmen sollen, und fliegt in Richtung Süden. Gegen 13.30 Uhr stoßen die Deutschen auf den gemeldeten Viermot.-Verband, der in etwa 7000 Meter Höhe über das Gebiet des Hunsrücks dahinzieht. Von hinten greifen die Sturmjäger aus der Überhöhung kommend an – und werden sofort von der gegnerischen Jagdeskorte abgewehrt.
Von der Sturmgruppe fallen vier Flugzeugführer. Unteroffizier Karg, der im Luftkampf verwundet wird, muß bei Kirn an der Nahe notlanden, und auch Unteroffizier Buchholz springt mit Verletzungen aus seiner Focke-Wulf ab. Heute wissen wir, daß Unteroffizier Gerhard Buchholz der Flugzeugführer der in Tiefenbach abgestürzten Maschine gewesen ist.
Es dauert etwa vier Wochen, bis ich diesen Piloten über etlichen Umwegen anhand einer alten, nicht mehr zutreffenden Anschrift ausfindig machen kann, und über Bonn führt die Spur schließlich nach Lübeck, wo Buchholz heute wohnt. Er ist über die Nachricht von dem Fund seiner schwarzen »4« natürlich überrascht; von ihm erfahre ich folgende Einzelheiten zu dem betreffenden Einsatz: »Die Maschine, mit der ich am 2. Dezember aufstieg, wurde mir im September zugewiesen. Am genannten Tag stießen wir zum Angriff auf die Viermotorigen hinunter und bekamen sogleich Luftkampf mit zahlreichen Mustang, wobei meine Nr. 4 kurz darauf von mehreren Geschossen getroffen wurde. Ein Sprenggeschoß schlug von oben hinten in die Kabine ein, Splitter verletzten mich am Bauch und an den Oberschenkeln. Ich drückte die Maschine nach links weg und bin in ca. 6000 Meter Höhe ausgestiegen.«
Die führerlose Maschine fängt sich noch einmal und schlägt bei Tiefenbach auf, während der Unteroffizier einige Kilometer weiter südostwärts, bei Spabrücken, in einem Waldstück in der Nähe eines größeren Bauernhofes herunterkommt. Von dort hatte man den Fallschirmabsprung offensichtlich beobachtet, denn Bewohner des Hofes sowie dort beschäftigte Kriegsgefangene durchstreifen sofort den Wald und finden den verwundeten Piloten auf einer Lichtung. Nach einstündiger Fahrt gelangt Unteroffizier

Buchholz schließlich in das Standortlazarett Bad Kreuznach, wo man feststellt, daß er außer den erwähnten Verletzungen noch weitere Prellungen, Verstauchungen und Rippenbrüche erlitten hat. Buchholz kann das Lazarett erst am 6. Januar 1945 verlassen und zu seiner inzwischen nach Harsewinkel bei Gütersloh verlegten Staffel zurückkehren.
So hat sich das Bild um den Fall Tiefenbach schließlich abgerundet. Uns, dem Volksbund und dem DRK-Suchdienst hingegen bleibt immer noch das Schicksal eines unbekannten deutschen Fliegers in Dörrebach zu klären übrig.

»... und wird nach Feindeinsatz vermißt!«

Die ersten Tage im März verbringen wir in Eschwege. Ein immer wieder verschobener und nun längst fälliger Besuch. Der Kalender zeigt Sonnabend, den 2.3.74. Noch vor dem Morgenkaffee reicht mir Waltrauds Kousine, bei der wir zu Gast sind, eine Seite der umfangreichen Wochenendausgabe: »Hast du schon davon gehört? Wieder ein Flugzeugfund. Wird dich sicher interessieren.«

»Wo war das?« frage ich und habe gleichzeitig die betreffende Notiz schon erblickt. Dann lese ich: »Jülich (dpa). Knapp 29 Jahre nach Kriegsende haben Bauarbeiter auf einem Feld bei Jülich das Wrack eines Flugzeuges der ehemaligen Luftwaffe vom Typ Me 109 und die Gebeine des verunglückten Piloten gefunden. Außerdem entdeckten die Männer jede Menge scharfe Munition und einen fast ganz erhaltenen Flugzeugmotor. Die Polizei vermutet, daß das einsitzige Jagdflugzeug in den letzten Kriegstagen abgeschossen wurde.«

Soweit die Meldung in der Presse. Sicherlich stehen in den für den Raum Jülich zuständigen Lokalzeitungen nähere Angaben über dieses Ereignis. Sobald wir wieder zu Hause sind, werde ich mich um weitere Informationen bemühen, zumal anzunehmen ist, daß es den toten Flugzeugführer inzwischen zu identifizieren gelang.

Leider soll sich diese Annahme nicht bestätigen, denn jener Wrackfund wird, wie später festzustellen ist, von einigen bedauerlichen Umständen begleitet sein. Und das liegt zu einem Teil daran, daß seit Kriegsende nun fast drei Jahrzehnte vergangen sind, in denen die Menschen von den unglückseligen Geschehnissen Distanz gewonnen haben und deshalb nicht immer wissen, wie sie sich verhalten sollen, wenn sie mit damaligen Kriegsereignissen abrupt wieder konfrontiert werden. Das Leben, die Entwicklung ist eben weitergegangen. Man hat vergessen oder zumindest jenes schreckliche Geschehen in den Hintergrund zu drängen versucht. Aber damit bin ich meinen Aufzeichnungen ein Stück voraus. Blenden wir deshalb zurück.

Wir sind noch keine Viertelstunde wieder zu Hause angelangt – es ist der Abend des 3. März – da läutet auch schon das Telefon: »Ich versuche schon mehrmals, Sie zu erreichen«, vernehme ich eine weit entfernte Stimme. »Mein Name ist Schmitz, ich rufe aus Jülich an. Kommen Sie so rasch wie möglich nach Aldenhoven, es handelt sich um das gefundene Flugzeug. Wenn Sie nicht bald kommen, wird der Mann nicht mehr zu identifizieren sein.«

Was ist in Aldenhoven geschehen? In einer Tiefe von nicht mehr als zwei Meter stoßen Bauarbeiter mit ihren Planierraupen am Freitag, dem 1. März 1974, auf einem ehemaligen Wiesengelände in Aldenhoven bei Jülich auf die Reste eines deutschen Jagdflugzeuges. In der Nähe des Hallenbades soll ein neuer Sportplatz angelegt werden, wobei während der dazu notwendigen Ausschachtungsarbeiten sich plötzlich größere Metallteile finden lassen, von denen man zunächst annimmt, daß es sich um Brandbomben handelt. Erst beim weiteren Freilegen der Stücke ist zu erkennen, daß diese zu einem Flugzeug gehören müssen. Dann legen die Männer einen großen Motorblock frei, sie finden weiterhin Fetzen von Stiefel und Lederjacke, dazwischen eine Anzahl zersplitterter Knochen.

Am liebsten hätte ich sofort meine Ausrüstung zusammengepackt und wäre in das Rheinland gefahren, aber das läßt sich nicht so schnell bewerkstelligen. Ich überlege gerade, wie ich einen Ausweg finden könnte, da schellt das Telefon erneut. Andreas Weise aus Aachen ist am Apparat. Weise, ebenfalls Spezialist auf dem Gebiet der Flugzeuge aus dem Zweiten Weltkrieg und maßgeblich an der Restaurierung einer Messerschmitt Bf 109 in der Technischen Hochschule in Aachen beteiligt, kann mir etwas mehr von Aldenhoven berichten. Demnach ist das zum Vorschein gekommene Triebwerk einwandfrei ein Jumo 213, also ein Motor, mit

der die letzte in Großserie gebaute Focke-Wulf-Version, die FW 190 D-9 ausgerüstet war. Leider hatte man die betreffende Fundstelle nicht sorgfältig genug abgesichert. Der Kampfmittelräumdienst war nach kurzer Anwesenheit wieder verschwunden. Daß in diesen Tagen eine Schar Neugier dem aufgeweichten Gelände einen Besuch abstattet, ist zwar zu verstehen, da es sich immerhin um ein nicht alltägliches Ereignis handelt. Nicht wenige aber stochern in den Trümmern herum, eignen sich Teile an, halten Munition in den Händen. Und der gefallene Jagdflieger ist noch nicht endgültig geborgen! Ich höre jedoch, daß Weise veranlassen konnte, wenigstens die bis dahin gefundenen Teile auf den Betriebshof der Stadtverwaltung zu schaffen. Auch die entdeckten, wenigen Überreste des Piloten sollen sich unter Aufsicht befinden.
Am Montag ruft mich Günter Schmitz aus Ahrweiler an: »Ich bin draußen gewesen. Die Planierraupen haben wieder mit der Arbeit begonnen, der Fall scheint bereits abgeschlossen zu sein«, erstattet er Bericht, und ich merke seiner Stimme an, wie entsetzt er ist.
Als Günter Schmitz an der Absturzstelle eintrifft, findet er dort etwa ein Dutzend Personen vor. Ein erster Blick zeigt ihm, daß keine Absperrung vorhanden ist. Wenn eine solche aufgestellt worden war, so ist am Montag jedenfalls nichts mehr davon zu bemerken. Zwei Raupenfahrer planieren mit ihren Fahrzeugen das betreffende Gelände. Schmitz beobachtet einen Hauptmann der Bundesluftwaffe im Kampfanzug sowie mehrere Kinder, die allesamt im Erdreich herumstochern und die verschiedensten Gegenstände aus dem nassen, breiigen Boden herausziehen. Hauptsächlich die Kinder scheinen Spaß an der Sache zu haben, sie bringen die aufgesammelten Teile dem Offizier, um sie ihm zu zeigen. Der Hauptmann selbst muß dann irgendwo auf diesem Platz einen Teil des Fliegerpullovers sowie ein paar Knochen gefunden haben. Was mit diesen Überresten geschieht, wo sie abgeblieben sind, kann Schmitz nicht feststellen.
Im Laufe des Nachmittags erscheinen weitere Personen, die sich gleichfalls an den noch herumliegenden Wrackteilen zu schaffen machen. Aber wer weiß denn, daß man einen vermißten Piloten eventuell auch anhand des technischen Geräts, also der Wrack-

stücke zu identifizieren vermag. Farbreste eines taktischen Zeichens, eine Werknummer, all das könnte einen Hinweis auf eine bestimmte Einsatzmaschine und somit auf einen bestimmten Piloten ergeben. Ich habe auf diese Weise schon Erfolg damit gehabt. Und gerade die unbewußte Achtlosigkeit mancher Bürger hat mehr als einmal die Klärung eines Vermißtenfalles gefährdet oder verzögert.

Nun läßt mir die Angelegenheit keine Ruhe mehr. Ich verabrede mich telefonisch mit dem Ordnungsamt und fahre, die Daten der noch vermißten D-9-Piloten in der Mappe, nach Aldenhoven. Es ist inzwischen Dienstag, der 5. März. Schneeregen, Nebel und naßkaltes Wetter versprechen, die Fahrt nicht gerade als angenehm empfinden zu lassen. Ich nehme das in Kauf, denn jetzt geht es mir nur noch um die tatsächlich übriggebliebenen Reste des Piloten, zumal es hieß, daß Teile der Lederjacke aufgefunden worden sind. Einer Begutachtung sind diese Gegenstände sicher noch nicht unterworfen worden.

Ich hatte vorher mit Günter Schmitz vereinbart, daß er mich noch einmal begleitet. Gegen acht Uhr bin ich in Ahrweiler und hole ihn dort ab, um gemeinsam die nebelverhangene Straße in Richtung Jülich weiterzufahren. »Das kann ja heiter werden«, rufe ich aus. »Bin mal gespannt, was uns heute erwartet.«

In Aldenhoven angekommen, erfahren wir, daß heute auch zwei Angehörige des Volksbundes Deutsche Kriegsgräberfürsorge aus Essen eingetroffen wären. »Dann kann ja die Untersuchung der Überreste des Piloten nun endlich von berufener Seite aus durchgeführt werden«, sage ich, während wir uns auf dem Weg zur Absturzstelle befinden.

Auf dem aufgeweichten Feld, über das soeben ein Schneeregen hinwegstöbert, sehen wir die beiden gelben Planierraupen arbeiten. Dazwischen eine kleine, längliche Grube, in der wir die VdK-Leute erblicken. Gemeinsam machen wir uns an die Arbeit. Wir finden in dem gewalzten Boden hier und da noch einen Wirbelknochen, Munition und, wohl fünfzig Meter weiter entfernt, im Verlauf der Kettenspuren abermals zwei Rippenknochen, dann ein Stück vom Fallschirmgurt, Splitter eines Panzerglases, Teile von Armaturen. Alles Fragmente aus dem Bereich der Flugzeug-

Blick auf die Armaturen in der Kanzel einer D-9. Ganz links unten das nebenstehend abgebildete, in Aldenhoven aufgefundene Bedienungsinstrument für das Kenngerät FuG 25a.

Aufnahmen von der Bergung in Reich bei Simmern am 19. November 1974. In dieser, etwa 4–5 Meter tiefen Grube lagen die zerfetzten Reste einer FW 190 A-6 des JG 26. Im unteren Bild das Kurbelgehäuse des Sternmotors BMW 801. *(Graf)*

Gefreiter Alfred Teichmann, Flugzeugführer der 7./JG 26, wurde am 29. Januar 1944 während eines verlustreichen Abwehreinsatzes über dem Rhein-Main-Gebiet abgeschossen und galt seitdem als vermißt. Erst 30 Jahre später konnten Pilot und Maschine in der Gemeinde Reich bei Simmern geborgen werden. *(via W. Teichmann)*

Nicht oft lassen sich bei einer Bergung eindeutige Identifizierungsmerkmale finden wie hier in Reich. Ein bißchen Glück war natürlich auch dabei: Der Autor mit der Erkennungsmarke des Gefreiten Teichmann. *(Graf)*

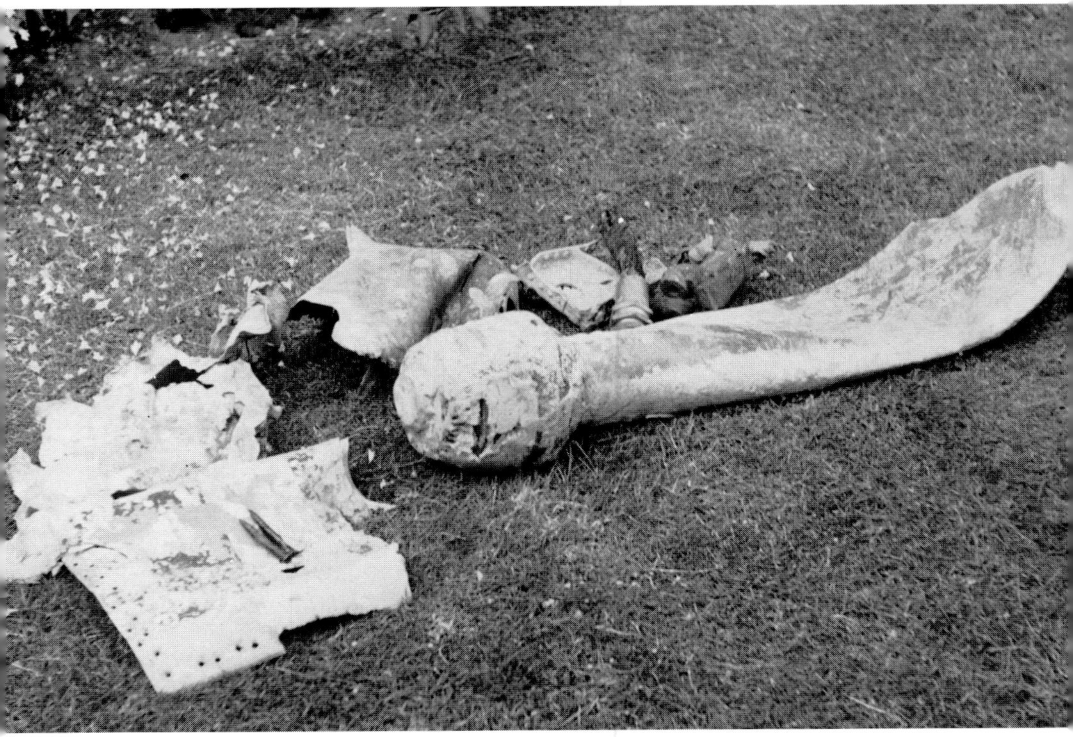

Ein Propellerblatt, zerfetzte Bleche und Kleinteile, das sind nur einige Überreste, die von der Focke-Wulf FW 190 des Gefreiten Teichmann stammen.

kabine, in der sich der Pilot befunden hatte. Um in den weggeschobenen und verteilten Erdmassen vielleicht doch noch die Erkennungsmarke oder wenigstens andere, nicht minder wichtige Identifizierungsmerkmale auffinden zu können, hätte man das gesamte Terrain noch einmal gründlich durchsuchen müssen. Dazu ist es jetzt, nach fünf Tagen, bereits zu spät.

»Die Nummer des Motors ist doch bekannt«, spricht mich Herr Ziegler von der BILD-Zeitung an. »Läßt sich denn daraus nichts entnehmen?«

»Leider nein«, ist meine Antwort. »Es existiert, soviel ich weiß, kein Verzeichnis der Motornummern, schon gar nicht, wenn das Herstellerwerk heute in der DDR liegt, in diesem Fall die ehemaligen Junkers-Werke in Dessau.«

Auch ich hatte, als Andreas Weise mir die Nummer des Motors mitteilte, darüber nachgedacht, was man mit dieser anfangen könnte. Sicherlich hat man die Jumo-213-Triebwerke nicht nur in Dessau produziert, sondern auch in verschiedenen anderen Werken in Lizenz. Aber auch wenn mir der Hersteller des gefundenen Motors bekannt wäre, so wird es nicht möglich sein, die Maschine und somit den Piloten, der sie zuletzt geflogen hat, anhand der Motornummer zu identifizieren. Nur in ganz wenigen Fällen nämlich waren in den Verlustmeldungen der Truppen auch die Motornummern mit vermerkt. Zudem ist heute wohl niemand mehr in der Lage, festzustellen, ob nicht gerade dieser Motor werkstattseitig schon einmal ausgetauscht worden war. Die Lebensdauer hochentwickelter und im Einsatz überaus stark beanspruchter Flugmotoren – gerade bei den Jagdflugzeugen – betrug, wie auch zahlreiche Werkmeister der Frontwerften bezeugen können, mitunter nur ganz kurze Zeit, oft nur Stunden. Dann war ein Austauschtriebwerk fällig.

Ächzend und knirschend kommt eine der Planierraupen auf mich zugefahren, hält kurz, wendet. Da sehe ich in der lehmverschmierten Kette etwas, das mein Interesse sofort erweckt. Ich gehe heran und ziehe ein etwa 20 Zentimeter langes Lederstück heraus.

»Das ist ja ein Stück vom Koppel«, ruft Günter Schmitz, der neben mir steht.

»Jetzt wissen wir, daß es kein Offizier war!«

Schmitz nickt. »Soweit bekannt, trugen die Offiziere braune Koppel ...« »... und das hier ist schwarz. Also dürfte es einem Mannschaftsdienstgrad gehört haben.«
Durch diesen Fund etwas ermutigt, beschließen wir, die VdK-Leute, der BILD-Reporter, Schmitz und ich, erst einmal eine ordentliche Stärkung zu uns zu nehmen. Nach einem kräftigen, im Restaurant des benachbarten Hallenbades bestellten Mittagessen, welches unsere Lebensgeister nach stundenlangem Aufenthalt im eisigen Wind wieder einigermaßen erwecken kann, begeben wir uns mit den Vertretern des Volksbundes auf den Friedhof, wo die am ersten Tag aufgefundenen sterblichen Überreste des Gefallenen aufbewahrt sind. Uns angeschlossen hat sich ein ehemaliger Jagdflieger des JG 54, Kurt Wuppermann, der aus Linnich herüberkam, um mich zu begrüßen. »Kroschinski, unser Geschäftsführer der Jagdfliegergemeinschaft hat die Vermutung ausgesprochen, daß ich Sie bestimmt hier antreffen werde.«
»Diese Vermutung war ja dann auch richtig«, erwidere ich seinen Gruß. »Aber was halten Sie von der ganzen Geschichte hier?«
»Schon gleich nach den ersten Berichten in der hiesigen Tageszeitung war ich an der Fundstelle«, meint er. »Daß man keine konkreten Hinweise fand, lag wohl viel, oder auch in der Hauptsache daran, daß eben durch die Planierarbeiten viele Einzelteile auf eine große Fläche verteilt worden waren. Besonders verhängnisvoll ist die verständliche, aber unverantwortliche Sammlerwut der Souvenir-Jäger.«
Unterdessen stehen wir vor einer großen Holzkiste, welche zersplitterte Knochen, Teil eines Fliegerstiefels sowie Lederreste und Knöpfe, kleinste Blechstückchen und Erdklumpen enthält – die spärlichen Überbleibsel eines Flugzeugführers der Jagdwaffe. Keine Erkennungsmarke, keines der vorhandenen Stücke lassen auch nur den geringsten Anhaltspunkt erkennen, der zu einer Identifizierung des Piloten führen könnte.
Schon gleich, nachdem Andreas Weise mir mitgeteilt hatte, daß es sich bei dem Wrack um eine FW 190 D-9 handelt, habe ich in meinen Unterlagen nach Flugzeugführern gesucht, die mit dem genannten Maschinentyp vom Einsatz nicht mehr zurückkehrten. Gegenüber den anderen Focke-Wulf-Varianten ist die Zahl der im

Westen verlorengegangenen D-9 verhältnismäßig gering, denn nur wenige Einheiten waren mit diesem Baumuster ausgerüstet: Die Jagdgeschwader 2 und 26 sowie die III. Gruppe des JG 54. Rund 30 Piloten waren damals als vermißt gemedelt worden, wobei ich noch nicht feststellen kann, wieviel davon auch heute tatsächlich noch als Suchfall gelten.

»Sehen wir uns einmal die Trümmer auf dem Bauhof an«, fordere ich Günter Schmitz auf. »Vielleicht läßt sich dort noch etwas erkennen, was uns weiterhelfen könnte.« Eine Hoffnung, die sich gleichfalls zerschlagen soll.

Der Bauhof der Stadtverwaltung Aldenhoven liegt in der Nachbargemeinde Siersdorf. Als wir den Platz betreten, sehen wir mitten darauf den Motorblock liegen. Wahrlich, ein gewaltiger Brokken! Die Typenschilder sind inzwischen von unbekannter Hand abgeschlagen worden. In der Propellernarbe stecken noch die abgefetzten Stümpfe der drei Holzluftschraubenblätter. Irgendjemand schleppt plötzlich eines der vorher nicht auffindbar gewesenen beiden MG 131 herbei. Kaum notwendig zu betonen, daß diese Bordwaffen von ihrer Gefährlichkeit noch immer nichts eingebüßt haben können. Auch hier. Auf den ersten Blick erkenne ich, daß in der Patronenzuführung zwei scharfe Geschosse liegen. Ein weiteres steckt im Lauf.

Niedergeschlagen treten Schmitz und ich die Heimfahrt an. Es sieht vorerst nicht danach aus, daß der Fall Aldenhoven doch noch eine positive Wendung erhalten soll. Doch dann, am 8. März, bekommt die Aachener Volkszeitung einen äußerst wichtigen Hinweis. Kurz vor Redaktionsschluß meldet sich der ehemalige Bürgermeister des Ortes Pattern, Herbert Frings: »Der Absturz erfolgte am Vormittag des 1. Januar 1945!«

Der Frontraum Jülich–Düren war damals, im November 1944, fast menschenleer. An der Ruhr stand die 9. US-Armee unter General Simpson zwei Korps der 15. Armee der Heeresgruppe B des Generalfeldmarschalls Model gegenüber. Die Bevölkerung war evakuiert worden. Zu den wenigen, die zurückblieben, gehörte der damals 14jährige Heribert Frings, der damit beschäftigt war, auf Anordnung der Amerikaner das herrenlose Vieh auf den Weiden zusammenzutreiben. »An jenem Neujahrsmorgen«, so erinnert er sich, »brauste plötzlich ein Pulk von 13 deutschen Jägern im Tiefflug in Richtung Westen über uns hinweg. Wir sprangen von unserem Lkw in Deckung, die amerikanische Flak eröffnete das Feuer aus allen Rohren. Nach einiger Zeit bemerkte ich noch einmal zwei Flugzeuge, von denen eines eine Rauchfahne hinter sich herzog. Die andere Maschine schien intakt zu sein, doch plötzlich kippte sie ab und stürzte bei Aldenhoven zu Boden. Das war zwischen 10 und 11.30 Uhr.«

Frings hat später nach den Resten dieser Maschine gesucht, aber nie etwas gefunden. Das Ordnungsamt in Aldenhoven setzt mich von der Aussage Frings' sofort in Kenntnis, und ich gehe unverzüglich daran, diese frisch erhaltenen Fakten auszuwerten. Der abgestürzte Pilot ist also einer der rund 170 gefallenen oder vermißten Flugzeugführer, die der so umstrittene Neujahrseinsatz 1945 gefordert hatte. Zu diesem Zeitpunkt hatten jedoch erst insgesamt fünf Jagdgruppen auf die FW 190 D-9 umgerüstet, so daß für den 1. Januar 1945 folgende Einheiten in Frage kommen: Stab, I. und III./JG 2, Stab, I. und II./JG 26 und die III./JG 54, welche Ende Februar dem JG 26 als IV. Gruppe angegliedert wird. Von diesen waren nur die Gruppen des JG 2 am 1. Januar über dem fraglichen Gebiet im Einsatz. Acht Flugzeugführer sind es schließlich, die das »Richthofen«-Geschwader als vermißt melden muß. Von sieben dieser Piloten liegt ein Suchantrag vor.

*

Über den Horsten im Rhein-Main-Gebiet ist es noch fast stockdunkel. Mit etwa hundert Maschinen steht das Jagdgeschwader »Richthofen« mit allen drei Gruppen für den Überraschungsangriff gegen die alliierte Bodenorganisation im Westen bereit. Noch ahnt niemand, daß das Unternehmen »Bodenplatte« zu der wohl verlustreichsten Operation in seiner Einsatzgeschichte werden wird. Es ist der 1. Jahuar 1945. In Merzhausen. Nidda und Ettingshausen laufen die Motoren warm. Die Piloten in den graugefleckten »langnasigen« Focke-Wulf, Messerschmitt Bf 190 G-14 und K-4 warten auf das Startsignal. Für den kommenden Flug ist absolute Funkstille befohlen; eine der Voraussetzungen für den überraschend durchzuführenden Schlag gegen das vorgesehene Ziel, den belgischen Flugplatz St. Trond. Ähnlich sieht es auf allen Plätzen in den Bereitstellungsräumen im Reichsgebiet aus, in denen die deutsche Jagdwaffe noch einmal zu einem letzten Großangriff im Westen aufsteigen wird. Dann blinken die grünen Lchtzeichen – Hunderte von BMW-, Daimler-Benz- und Jumomotoeren heulen auf. Auch für das JG 2 nimmt »Bodenplatte« seinen Anfang.

Über dem Raum Koblenz sammeln sich die drei Gruppen und formieren sich zum Verband, streben dröhnend und im Tiefflug mit nordwestlichen Kursen den Ardennen zu. Die im Rhein-Main-Gebiet gestarteten Einheiten stehen unter dem Befehl des Jagdabschnittsführers Mittelrhein, Oberst Handrick. Außer dem JG 2 unterstehen ihm ferner die drei Gruppen des von Major Michalski geführte JG 4 sowie die drei Gruppen des JG 11 unter Major Specht. Auch das JG 4 und JG 11 haben Ziele in Belgien anzufliegen und zwar die Plätze Le Culot und Asch. Beide Geschwader sammeln gleichfalls über Koblenz.

Zwar wird es auf fast allen Horsten der Alliierten ein böses Erwachen geben, aber im grenznahen Bereich werden zahlreiche gegnerische Flakeinheiten und Panzerflak durch die starken Motorengeräusche auf die ungewöhnlich massive Ansammlung in der Luft alarmiert. Die amerikanischen Geschützbedienungen sind in letzter Sekunde gefechtsbereit.

Vor Aachen, bereits seit Ende Oktober 1944 als erste deutsche Stadt in amerikanischer Hand und seitdem Frontgebiet, stoßen, aus dem Kölner Raum kommend, die Focke-Wulf von Oberst Druschels Schlachtgeschwader 4 zu den Verbänden des JG 2, um gemeinsam gegen St. Trond vorzustoßen. Kurz danach, zwischen Jülich, Düren und Aachen, fliegen die deutschen Maschinen dann direkt in die gegnerische Flaksperre hinein. Und ehe noch der eigentliche Einsatzauftrag durchgeführt werden kann, muß das »Richthofen«-Geschwader den ersten Blutzoll entrichten. Allein neun der in Gefangenschaft geratenen zehn Flugzeugführer werden bereits auf dem Hinflug abgeschossen, etwa die gleiche Anzahl Piloten fällt oder wird vermißt bleiben. Das SG 4 verliert sogar seinen Kommodore, der im Raum Aachen von Flak abgeschossen wird. Oberst Druschel gilt auch heute noch als Suchfall. Von der 4. Staffel des JG 2 fällt Unteroffizier Optenhostert im Hagel des gegnerischen Abwehrfeuers. Man findet den Piloten tot in seiner Maschine und bestattet ihn später in Margraten, südostwärts von Maastricht.

Das Jagdgeschwader 2 befindet sich im Winter 1944 noch in der Umrüstung auf die Focke-Wulf D-9. Stab, I. und III. Gruppe fliegen bereits mit diesem schnelleren Jagdflugzeugmuster, während die II./JG 2 des Hauptmann Schröder immer noch mit der Bf 109 ausgerüstet ist. Erst im Februar 1945 wird das gesamte Geschwader die D-9 besitzen.

Unterdessen hält das Neujahrsunternehmen an. Noch versuchen die einzelnen Formationen des JG 2, durch den Flaküberfall schon stark dezimiert und auseinandergerissen, ihr Ziel zu finden und anzugreifen. Längst ist jedoch der Zusammenhalt verlorengegangen, von einem Überraschungsangriff kann nun keine Rede mehr sein. Auch über dem belgischen Raum erleidet das Geschwader nochmals Verluste. Hauptmann Schröder wird bei St. Trond abgeschossen und findet sich in amerikanischem Gewahrsam wieder.

Von Schröders Gruppe fallen Oberfähnrich Aickelin und Unteroffizier Keppler, die Maschine von Unteroffizier Bollwerk wird nicht mehr gesehen. Allein die I./JG 2 verzeichnet fünf Flugzeugführer, die an diesem Morgen in Gefangenschaft geraten. Unteroffizier Dost wird mit seiner Messerschmitt von gegnerischer Flak tödlich abgeschossen, von sechs weiteren Piloten fehlt jede Spur. Nicht viel besser sieht es bei der III. Gruppe aus. Sie zählt acht Gefallene, darunter den Unteroffizier Altpeter, der schon kurze Zeit nach dem Start über dem Westerwald wegen Motorschaden abstürzt und dabei ums Leben kommt. Feldwebel Peschak und Unteroffizier Binger befinden sich in Gefangenschaft, von zwei Piloten der 12. Staffel ist der Verbleib ungewiß.

Als die angeschlagenen Reste des Geschwaders schließlich wieder zurückkehren, hat das JG 2 dreiunddreißig seiner Flugzeugführer verloren. Sieben davon bleiben vermißt. Und einer davon ist der unglückliche Flieger, der mit seiner FW 190 D-9 auf die Wiesen von Aldenhoven stürzte. Erst dreißig Jahre später gibt der Boden diese Überreste frei. Die Namen der sieben noch gesuchten Piloten sind bekannt, aber welcher davon gehört zu dem Gefallenen von Aldenhoven?

*

Nachdem die Aussage von Heribert Frings in der Tageszeitung veröffentlicht wurde, erhalte ich mehrere Anrufe aus allen Teilen der Bundesrepublik: Angehörige von Jagdfliegern, die im letzten Stadium des Krieges vom Einsatz nicht zurückgekehrt sind, fragen mich, ob diese mit dem Gefallenen von Aldenhoven identisch sein können. In allen Fällen gelingt es mir aufgrund der Tatsache, daß die genannten Piloten an jenem Tag einen anderen Maschinentyp geflogen hatten, in einem ganz anderen Raum oder überhaupt zu einem anderen Zeitpunkt vermißt wurden, mit Sicherheit darüber Auskunft zu geben, daß zu dem Absturz bei Aldenhoven kein Zusammenhang besteht.
Auch Richard Bollwerk aus Geilenkirchen liest über den Wrackfund und meldet sich. Er ist fast überzeugt, daß es sich um seinen Bruder, den Unteroffizier Helmut Bollwerk, der als Angehöriger der 5. Staffel JG 2 seit diesem Einsatz des 1. Januar verschollen ist, handeln könnte. Der Vermißte hatte dem Bruder in einem Brief vom November 1944 mitgeteilt, daß er versuchen werde, irgendwann einmal mit seiner Maschine über den Heimatort Übach-Palenberg hinwegzufliegen.
Wie oft aus solchen Anlässen heraus, greifen so viele der Angehörigen, die noch immer auf eine Nachricht von den Vermißten hoffen, verständlicherweise auch die geringsten Hinweise auf, die eine Parallele oder eine Verbindung zu finden versprechen, daß es sich um den Vater, Sohn oder Bruder handeln könne. So sieht die Mutter von Helmut Bollwerk am 1. Januar 1945 über Übach-Palenberg tatsächlich ein deutsches Jagdflugzeug und sie denkt sofort an ihren Sohn. Sie macht sich mit einem großen Bettlaken bemerkbar und glaubt zu erkennen, daß der Flugzeugführer jenes Zeichen erwidert, indem er mit den Tragflächen der Maschine wackelt. Ein Ereignis, welches ohne Zweifel stattgefunden haben könnte. Hingegen verliefen aber die Einsätze des 1. Januar so außergewöhnlich, waren die Piloten der Jagdverbände angesichte der Groß-

offensive an diesem frühen Morgen vollauf mit dem unbemerkt bleiben sollenden Frontüberflug beschäftigt – Tiefflug und Fühlungshaltung verlangten ihnen die äußerste Konzentration ab – daß wohl kaum einer der Jagdflieger die Möglichkeit und die Zeit gefunden haben dürfte, an jenem Neujahrstag eine Begrüßungstour zu fliegen.
Wenige Tage darauf ruft mich Richard Bollwerk selbst an: »Ich habe alle Berichte von Aldenhoven studiert. Ist es nicht doch möglich, daß es sich hier um meinen Bruder handelt?«
»Ich bin ganz sicher, daß dies nicht der Fall ist«, kann ich ihm antworten. »Helmut Bollwerk flog am 1. Januar 1945 eine Bf 109 G-14 mit der Werknummer 462 781. Die II. Gruppe des JG 2, welcher Ihr Bruder angehörte, war zu diesem Zeitpunkt noch mit der Messerschmitt ausgerüstet.«
Das Grab Nr. 8 a auf dem Ehrenfriedhof von Aldenhoven bleibt vorläufig ohne Namen. »Die Fußballer des niederrheinischen Kreisklassenvereins ›Teutonia‹ Aldenhoven spielen auf einem Fliegergrab«, so steht es noch am 26. August 1974 in der Lokalpresse. »Der Volksbund Deutsche Kriegsgräberfürsorge hat sich bemüht, den Namen des toten Fliegers zu ermitteln. Bisher ohne Ergebnis.«
Eine Folge unglücklicher Verkettungen und der Hilflosigkeit. Man sollte daraus lernen, denn längst sind nicht alle noch unbekannten Absturzstellen in unserer Heimat aufgefunden worden.

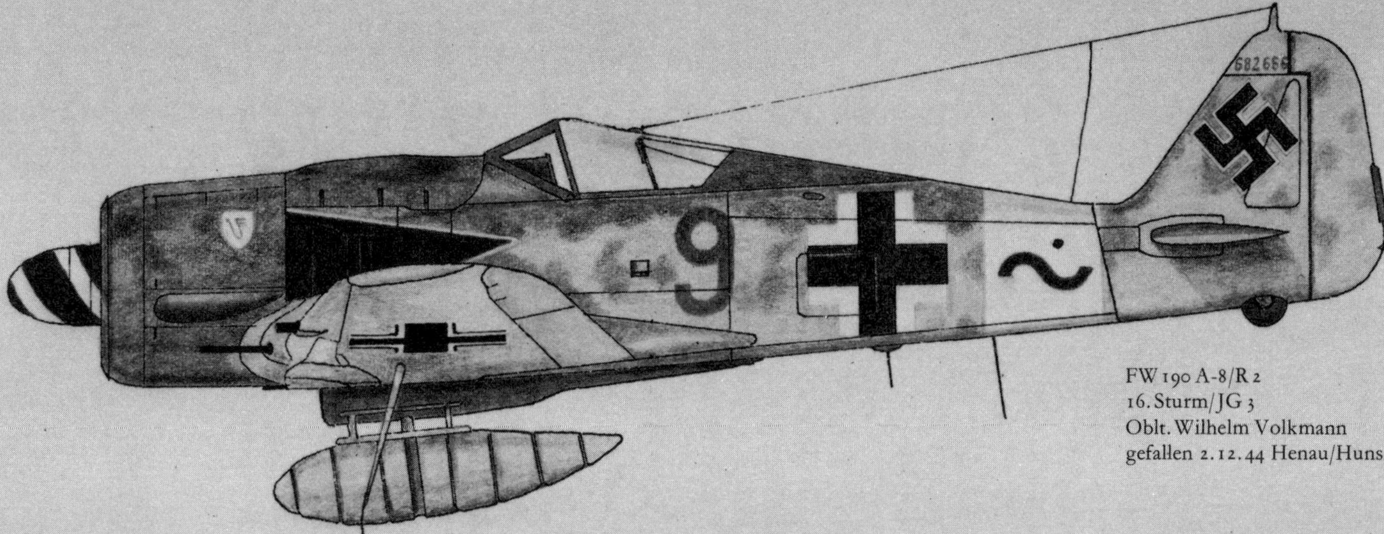

FW 190 A-8/R 2
16. Sturm/JG 3
Oblt. Wilhelm Volkmann
gefallen 2.12.44 Henau/Hunsrück

Bf 109 G-14/AS
13./JG 4
Fw. Siegfried Lautenschläger
gefallen 25.11.44 Iffezheim

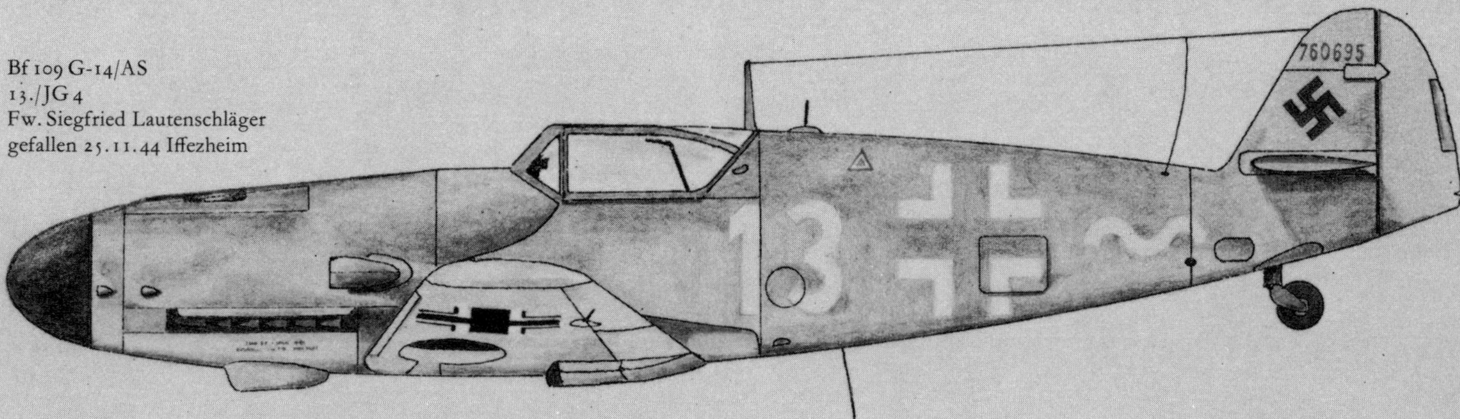

FW 190 A-7/R 2
8./JG 11
Hptm. Ernst Maack
gefallen 8.4.44 Raderhorst/Minden

FW 190 A-6
7./JG 26
Gefr. Alfred Teichmann
gefallen 29.1.44 Reich b. Simmern

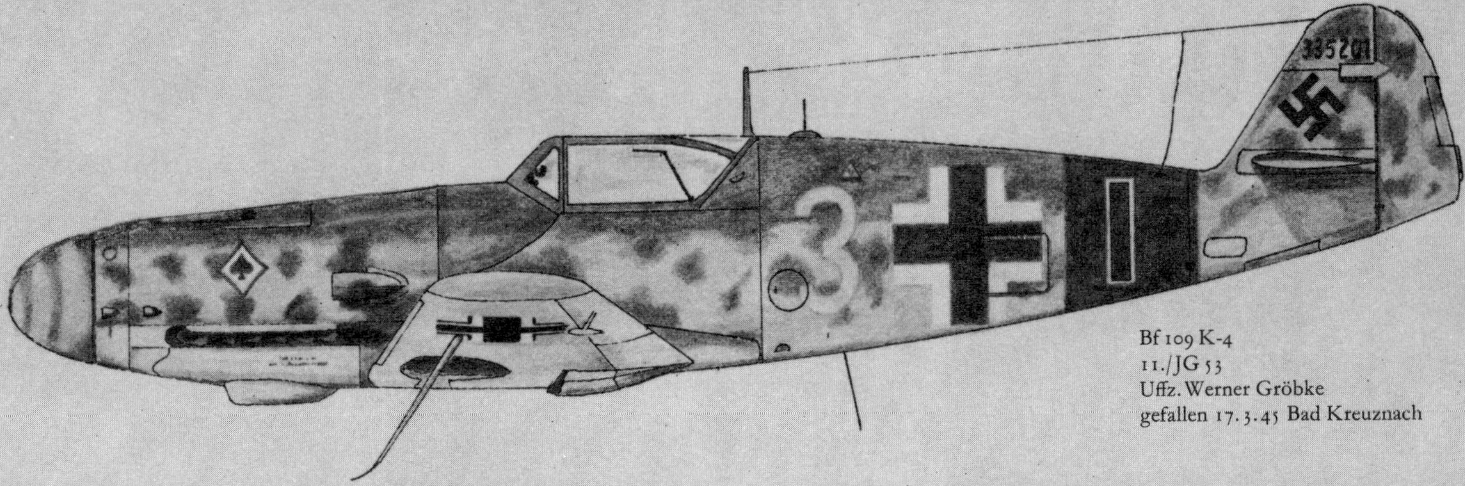

Bf 109 K-4
11./JG 53
Uffz. Werner Gröbke
gefallen 17. 3. 45 Bad Kreuznach

Bf 109 G-6
7./JG 54
Fw. Gerhard Raimann
gefallen 20. 2. 44 Duingen/Alfeld

Hauptmann Maack

Seit vielen Jahren hat es sich Hans Joachim Ulmer als Cheffeuerwerker des Kampfmittelbeseitigungsdienstes zur Aufgabe gemacht, in dem für ihn zuständigen Regierungsbezirk Detmold zahlreich vorhandene, heute immer noch gefährliche Überbleibsel des letzten Krieges aufzuspüren. Nicht explodierte Sprengkörper – Blindgänger und Langzeitzünderbomben – der alliierten Luftflotten, deren An- und Abflugwege fast täglich und Nacht für Nacht über dieses Gebiet hinwegführten. Munition aller Kaliber zu räumen und den Regierungsbezirk auf diese Weise von den oft noch scharfen Explosivkörpern so vollständig wie möglich zu säubern, daß ist zur Haupttätigkeit des umsichtigen Detmolders geworden. Immer wieder zeugt seine Arbeit von einer beispielhaften Eigeninitiative, die bisher leider ohne Parallele geblieben ist, denn nicht nur im Teutoburger Wald, sondern überall in Deutschland verbirgt sich noch Munition unter der Erde. Und was vielleicht als fast noch wichtiger erscheint – Ulmer stößt bei seinen Unternehmen nicht selten dabei auf Flugzeugtrümmer, was mehr als einmal zu der Aufklärung von Schicksalen noch vermißter Flieger führt, die sich in diesen Wrackresten befinden.

Es beginnt mit einer Dornier Do 17, deren Wrack Ulmer in Altenhagen bei Detmold räumen kann. Und dann, wieder im Zusammenhang mit der Suche nach Munition, erhält er einen Hinweis, der Mitte Januar 1963 zwischen den Gemeinden Bornholte und Österwiehe, ostwärts von Gütersloh, die Grabung nach vier deutschen Jagdmaschinen zur Folge hat. Alle vier Flugzeuge waren am 31. Mai 1944 dort praktisch auf kleinstem Raum auf eine Weise gestürzt. Wie sich herausstellt, konnten die Piloten damals mit dem Fallschirm abspringen. Der Boden aber gibt so viel Bordmunition frei, daß man sich erst jetzt bewußt wird, lange Jahre einen kleinen Vulkan vor der Haustür der Gemeinde gehabt zu haben.

Ulmer bedient sich bei der Fahndung nach Sprengstoffen alter Luftaufnahmen, welche die Alliierten kurz vor und unmittelbar nach Beendigung der Kampfhandlungen vom gesamten Reichsgebiet angefertigt hatten. Diese Aufnahmen stellen eine äußerst wichtige Hilfe dar, denn auf ihnen lassen sich noch die jüngsten Kriegsspuren deutlich erkennen: Trichter, bei denen ein erfahrener Feuerwerker wie Ulmer sofort feststellen kann, ob die Bomben explodiert sind oder ob sich ein Blindgänger darin befindet, sowie Kriegsgerät aller Art. Da die Aufnahmen noch vor Belaubung der Bäume gemacht worden sind, bereitet es keine Schwierigkeiten, auch Waldgelände auf derartige Spuren hin auszuwerten.

Eine solche Luftaufnahme ist es auch, die schließlich im März 1970 zur Identifizierung zweier deutscher Flieger führt, die seit Ende März 1945 verschollen geblieben sind. Ihre Maschine, eine zweimotorige Heinkel He 219 der III./NJG 1, war in einen Löschteich in Isingdorf bei Werther gestürzt, wo sie dort von Ulmer geborgen wird, wobei man auch die Überreste der beiden Luftwaffenangehörigen entdeckt.

Durch den Fall Isingdorf aufmerksam geworden, meldet der Gastwirt Linnenkamp aus Ummeln bei Steinhagen der Bezirksregierung den Absturz einer deutschen Jagdmaschine, die am 22. Februar 1944 im Luftkampf abgeschossen worden ist. Der Pilot der Maschine konnte sich durch Fallschirmabsprung retten, aber sein Flugzeug bohrte sich in ein sumpfiges Wiesengelände. Auch dieses Wrack und die darin befindlichen großen Mengen Munition werden im Februar 1971 von Ulmer und seinen Helfern geborgen.

Noch weitere Aktionen folgen. Ulmer hat inzwischen eine ganze Reihe von Original-Luftschutzunterlagen auswerten können, welche in einigen Gemeinden des Regierungsbezirks die Kriegswirren überstanden hatten. Auch mein erstes Buch »Die nicht zurückkehrten« gelangt um diese Zeit in Ulmers Hände. Ein Anlaß, mit mir sofort in Kontakt zu treten. Auf diese Weise erfahre ich etwas über den vollen Umfang von Ulmers Tätigkeit, die ja auch für meine Nachforschungen von nicht geringer Bedeutung sind. Ulmer fragt an, ob ich ihm bei seiner schwierigen Arbeit behilflich sein kann, da ich doch viele Absturzdaten gesammelt hätte, und so ergibt es sich, daß ich im März 1971 damit beginne, für ihn eine Aufstellung der mir im Regierungsbezirk Detmold bekannten Abstürze und Verluste deutscher Flugzeuge anzufertigen. Eine langwierige, nicht gerade einfache Arbeit, wie der Leser sich vorstellen mag. Im Laufe der Zeit aber kann ich Ulmer rund 70 solcher Absturzorte nennen, von denen es, wie er mir immer wieder berichtet, nach und nach einige zu orten und auch zu räumen gelingt.

Am 28. Mai 1971 lerne ich Ulmer persönlich kennen. Auf der Fahrt nach Bremen machen wir in Detmold Zwischenstation. Ulmers Haus steht in Hiddesen, unmittelbar an der zum Hermann-Denkmal hinaufführenden Straße. Und so können wir bei dieser Gelegenheit das nur aus grauer Schulzeit und von Fotos her bekannte, gewaltige Bauwerk auch einmal selbst in Augenschein nehmen. Erst dann suchen wir das Anwesen der Ulmers auf. Es ist leicht zu finden gewesen, denn am Grundstückseingang steht weithin sichtbar ein Propellerblatt. »Hier sind wir richtig!« folgert unser Sohn Frank, da dieses Relikt eigentlich keinen Zweifel übrig läßt, daß wir unser Ziel erreicht haben.

Die Aufnahme ist sehr herzlich, und wir haben uns im Verlauf der nächsten Stunden viel zu erzählen. Erfahrungen werden ausgetauscht. Doch viel zu schnell vergeht die Zeit, wir müssen weiterfahren. Während wir uns schließlich verabschieden, verspreche ich Ulmer, weiterhin alle Daten, die seinen Bezirk betreffen, herauszusuchen, damit er diese Stellen lokalisieren und eventuell eine Räumung vornehmen kann.

In der nächsten Aufstellung, die ich im Oktober nach Detmold schicke, ist der Absturz einer Me 262 bei Bünde dabei. »Das wäre doch eine seltenere Sache«, schreibe ich. »Vielleicht gehen Sie den Angaben einmal nach.« Es gelingt mir auch, die Anschrift des damals abgesprungenen und verwundeten Piloten zu ermitteln: Der jetzt in Hamburg lebende Walter Wehking. Und Anfang November 1974 ist es soweit. Ulmer holt die Reste dieses Düsenjagdflugzeuges von der II./KG(J) 51 aus dem Uferrand der Else bei Bünde.

Oberfeldwebel Wehkings Maschine war am 27. Dezember 1944 wegen Brand des rechten Triebswerks abgestürzt, der Flugzeugführer selbst konnte abspringen, aber er schlug gegen das Leitwerk und verletzte sich an beiden Beinen.

Im August 1972 ist Ulmer mit dem Kampfmittelbeseitigungsdienst in Raderhorst bei Minden auf der Suche nach Munition, die in der Nähe der ihm durch Hinweise aus der Gemeinde bekanntgewordenen Absturzstelle eines Flugzeuges vermutet wird. Schon bei der ersten Ortung wird man gewahr, daß sich in dem zu räumenden Kornfeld größere Metallteile verbergen. Ulmer beginnt daraufhin mit einer Grabung. Am 14. August holt der Greifer zwei Bordkanonen sowie eine Sauerstoff-Kugelflasche aus dem Erdreich. Die ersten Anzeichen für das Vorhandensein eines Flugzeugwracks der Luftwaffe. Aber noch weiß man nicht, um welchen Maschinentyp es sich handelt, der morastige Boden läßt vermuten, daß die Trümmer des Flugzeuges in tieferen Lagen zu finden sind.

Sorgfältig gehen Ulmers Männer zu Werk. Ein Propellerblatt kommt zum Vorschein, doch dann muß die Aktion wegen höhersteigendes Grundwasser unterbrochen werden. Man holt die Feuerwehr aus Lahde zu Hilfe, sie wird eine etwa fünf Meter tief reichende Saugrohrleitung verlegen, um das Wasser auf diese Weise wieder aus der Grube entfernen zu können.

Als sich die Suche nach dem Wrack schnell herumgesprochen hat, kann sich einer der Raderhorster Einwohner erinnern, wie am Ostersonnabend des Jahres 1944 nach einem Luftkampf plötzlich eine deutsche Jagdmaschine steil nach unten stürzte. Auf der Wiese fand man späterhin Teile von den Tragflächen und des Leitwerkes, das Flugzeug aber war in einem Krater verschwunden. Der Bürgermeister des Ortes hatte damals die Stelle mit einem Pfahl gekennzeichnet, doch der Absturz sollte in Vergessenheit geraten, zumal die Bevölkerung nach Kriegsschluß für lange Zeit aus ihrem Dorf evakuiert worden war, weil die Alliierten dort ein Lager für polnische Zwangsarbeiter einrichteten.

Nachdem das Wasser abgesaugt werden konnte, nimmt Ulmer am 16. August die Arbeiten wieder auf. Zwei weitere Bordkanonen, die verbogenen und zerfetzten Bleche der Maschine werden nach und nach geborgen. Das Spezialgerät fördert große Mengen von

Bordmunition zutage, und später gelingt es, auch das Triebwerk zu heben, den Sternmotor einer Focke Wulf. Schließlich lassen sich zwischen den geborgenen Trümmern ein Fallschirm sowie eine Anzahl menschlicher Knochen entdecken. In der Kanzelregion findet man Uniformfetzen, Teile einer Kombination. Am Kragen ein gelber Spiegel mit Silberkranz und drei Schwingen: Er muß einem Hauptmann der Luftwaffe gehört haben.

In der Innentasche steckt ein Tuch mit den Initialien E. M., und schließlich entziffern die Männer, darunter ein Mitarbeiter des VdK aus Kassel, ein Wäschezeichen mit dem Namenszug: Hptm. Maack, L 55886.

Noch am selben Abend ruft mich Ulmer an und berichtet von dem Fund: »Kennen Sie einen Hauptmann Maack? Haben Sie nähere Angaben über ihn?«

Nur drei Minuten dauert es, bis ich ihm die gewünschte Auskunft geben kann: »Hauptmann Ernst Maack, Staffelkapitän der 8./JG 11, gilt seit dem 8. April 1944 als vermißt. Er flog eine FW 190 A-7, Kennzeichen: schwarze »15«. Verlustort ist nicht angegeben, aber kein Zweifel: Der von Ihnen gefundene Pilot ist Hauptmann Maack, geboren am 6. November 1914.«

»Donnerwetter, das ging schnell«, erwiderte Ulmer. »Also dürfte dieser Fall wohl einwandfrei geklärt sein und aktenkundig gemacht werden können.«

Hauptmann Ernst Maack ist für uns kein Unbekannter, denn vor seiner Versetzung zum JG 11 in die Reichsverteidigung war er Angehöriger des JG 27, dessen Geschwadergeschichte vor einigen Jahren veröffentlicht wurde. Maack, von April bis Juli 1942 Kapitän der 2. Staffel, hatte in Afrika sechs Luftsiege erzielen können. Und obwohl ein hervorragender Flugzeugführer, schrieb er im Frühjahr 1944, als die Luftüberlegenheit immer eindeutiger an die Alliierten überging, seiner Mutter einmal: »Ich fürchte, daß es mich eines Tages trotz meiner Jagderfahrung erwischen wird. Ich habe nicht mehr die Sicherheit und Kaltblütigkeit, einem zahlenmäßig und materiell überlegenen Gegner standzuhalten.«

Was geschah nun an jenem Tag, der Hauptmann Maack zum Schicksal werden sollte? Blenden wir deshalb zurück und lassen uns die damaligen Ereignisse noch einmal in das Gedächtnis rufen.

*

Sonnabend, 8. April 1944. Für die in Holland und Norddeutschland stationierten Jagdverbände ist seit etwa der elften Mittagsstunde Sitzbereitschaft befohlen. Wieder einmal scheint ein Großeinflug des Gegners bevorzustehen, und es soll dann tatsächlich auch zu einem der schweren Abwehreinsätze kommen, zu denen die deutschen Jagdflieger im Frühjahr 1944 aufsteigen.
Zunächst sind es starke amerikanische Jagdstreitkräfte, die gegen Mittag bis nach Hannover–Bremen und Trier–Koblenz vordringen, um die in diesen Räumen befindlichen Flugplätze der Luftwaffe mit Bordwaffen zu bekämpfen. Auf rund zwanzig Horsten gehen im Verlauf der Tiefangriffe mehr als 70 Flugzeuge durch Bordwaffenbeschuß verloren, ein Großteil abgestellter Maschinen wird beschädigt. Vier Plätze müssen anschließend wegen nicht mehr intakter Start- und Landepisten gesperrt werden, darunter die Flugplätze Quakenbrück und Hustedt, auf denen die amerikanischen Jäger allein etwa 30 Maschinen am Boden zerstören können.
Unabhängig davon überfliegt, ebenfalls um die Mittagszeit, ein aus nahezu 500 Viermotorigen bestehender Verband der 8. US-Luftflotte mit starken Jagdschutz die holländische Küste und nimmt Kurs auf Braunschweig. Inzwischen ist auf den deutschen Plätzen der Startbefehl längst erfolgt: Die Verbände des JG 1, JG 3, der I./JG 5, I. und III./JG 11, JG 26, II./JG 27 und III./JG 54 sind in der Luft, um an den Gegner herangeführt zu werden.
Als erste stellen sich die Focke Wulf der 2. Staffel des JG 26 den einfliegenden Kampfformationen entgegen, die sich zu diesem Zeitpunkt über der Zuidersee und dem Raum Zwolle befinden. Kaum am Bomberpulk werden die Deutschen von den Begleitjägern erfaßt. Leutnant Willius, der Staffelführer, wird abgeschossen und bleibt vermißt, bis man seine Überreste und die Maschine im Jahre 1967 entdeckt und bergen kann.
Zur eigentlichen Luftschlacht aber kommt es erst im Raum Hannover–Braunschweig; sie verläuft für beide Seiten verlustreich. Das JG 1 gerät zwischen Stendal, Salzwedel und Gardelegen an die Amerikaner und setzt ihnen hart zu. Oberleutnant Eder, Kapitän der 6. Staffel, erzielt dabei um 13.51 Uhr südwestlich von Salzwedel seinen 34. Abschuß, eine B-24. Doch die I. Gruppe kommt

nicht ungeschoren davon. Ein Flugzeugführer fällt im Luftkampf, zwei andere springen verwundet mit dem Fallschirm ab, und ähnlich verläuft der Abwehreinsatz beim JG 3, dessen 8. Staffel bei Wagenfels zwei Piloten im Gefecht mit zahlreichen Thunderbolt einbüßt.

Die langgezogenen Pulks der amerikanischen Kampfflugzeuge sind kaum zu überblicken. Sich über Kilometer hin erstreckend dröhnen sie heran, abgesetzt in hoch- und niedrigerfliegenden Formationen und an keiner Stelle ungeschützt von der Jagdeskorte. Dennoch, immer wieder stoßen die eigenen Staffeln zu den Bombern vor, bringen viermotorige Kolosse zum Absturz oder schießen sie aus dem Verband heraus. Das bleibt nicht ohne Folgen. Überall hängen die Pilze von Fallschirmen am Himmel, an denen nicht nur abgesprungene amerikanische Besatzungen zur Erde pendeln. Die II./JG 27 meldet drei Gefallene und zwei Absprünge, von der III./JG 54 werden fünf Flugzeugführer tödlich abgeschossen, der Feldwebel Hecker rammt bei Lohne einen Bomber und erleidet bei der Kollision schwere Verwundungen.

Unter der Führung von Oberstleutnant Graf ist das JG 11 mit dem Stab, der I. und III. Gruppe aus dem Raum Oldenburg gestartet. Die Zeit: Wenige Minuten vor 13 Uhr. Die Staffeln werden in Richtung Salzwedel–Uelzen befohlen, und bei Gardelegen hat die I./JG 11 Feindberührung mit amerikanischen Jägern, wobei der erfolgreiche Oberleutnant Zwernemann, Eichenlaubträger und Sieger in 126 Luftkämpfen, seinen Gegnern diesmal unterliegt. Schwer verwundet springt er aus seiner weißen »11« ab, aber er überlebt diesen Tag nicht mehr. Und mit ihm fallen an diesem Tag noch vier weitere Flugzeugführer der Gruppe.

Währenddessen verfolgen die Focke Wulf des JG 11 die sich schon zum Rückflug formierenden Amerikaner bis in den Raum Minden, wo nochmals ein Gefecht entbrennt. Ungeachtet der vielen Begleitjäger hält Hauptmann Maack, der heute die schwarze »15« fliegt, auf eine Liberator-Formation zu. Über der Gemeinde Ilse bei Minden hat er sich einem der Bomber auf Schußentfernung genähert und betätigt die Waffenknöpfe. Doch auch der Schütze im Heckstand der B-24 erwidert das Feuer, und wie sich Jahre später feststellen läßt, weist eines der Propellerblätter von Maacks

FW 190 einen glatten Durchschuß auf. Der Hauptmann kann die Liberator zum Absturz bringen, es ist sein 7. Luftsieg – sein letzter. Denn nur Augenblicke darauf sitzt ihm die Meute der Feindjäger im Nacken. Ein dichter Hagel von Bordwaffengeschossen überschüttet seine Maschine, Maack hat keine Chance mehr. Mit leichter Rauchfahne neigt sich die Focke Wulf nach unten, der Sturz wird steiler, dann schlägt sie bei Raderhorst auf dem Boden auf, der dem Hauptmann für 28 Jahre lang zu einem unbekannten Grab werden soll. Mit elf gefallenen und vermißten sowie drei verwundeten Flugzeugführern hat übrigens das JG 11 die höchsten blutigen Verluste von allen Verbänden der Jagdwaffe zu verzeichnen, welche am 8. April zum Abwehreinsatz gestartet sind.
Zur Zeit seines tödlichen Absturzes war Hauptmann Maack fast 30 Jahre alt; für einen Jagdflieger ein schon wesentlich über dem Durchschnitt liegendes Alter. Maack, der nach dem Abitur zunächst in die Marineschule Mürwick eintrat, hatte von Anfang an den Wunsch Offizier zu werden. Erst später meldete er sich zur Luftwaffe und erhielt eine jagdfliegerische Ausbildung. Während des Einsatzes beim Jagdgeschwader 27 auf dem nordafrikanischen Kriegsschauplatz gelang es den Engländern, Hauptmann Maack zweimal abzuschießen, beide Male glückte der Fallschirmabsprung, wobei er zuletzt aus dem Mittelmeer gerettet werden konnte. Beim dritten Abschuß am 8. April 1944 aber ereilte ihn dann das Schicksal. Der Landwirt Heumann aus Raderhorst hat den Absturz des Hauptmanns als Augenzeuge erlebt, als er am frühen Nachmittag jenes Tages sein Feld pflügte und plötzlich in einiger Entfernung einen Luftkampf beobachtete: »Ich sah deutlich das Mündungsfeuer der feindlichen Jäger!« Dann stürzte die deutsche Maschine in den morastigen Grund.
Hauptmann Ernst Maack ist nach seiner Bergung im August 1972 in seine Heimat überführt worden und fand auf dem Friedhof von Kummerfeld, Kreis Pinneberg, seine letzte Ruhestätte. Und bis zu dem Tag, an dem Cheffeuerwerker Ulmer Maacks sterbliche Überreste fand, hatte seine in Prisdorf bei Pinneberg wohnende 79 Jahre alte Mutter immer noch gehofft, daß ihr Sohn Ernst noch einmal zurückkehren würde. Eine Hoffnung, die sich nicht erfüllte.

Erkennungsmarke 59741-241

»Nur einen halben Tag«, ruft Otto Schmitt in das Telefon, »nur einen halben Tag früher hätte ich die Information bekommen müssen!« Seine Stimme klingt mutlos. Und es ist in der Tat ein wenig schade, daß die Sache in Reich nicht schon im September 1973 geklappt hat. Denn nachdem wir die Focke-Wulf in Tiefenbach geborgen hatten, erfuhr Schmitt aufgrund der bekanntgewordenen Bergungsaktion am nächsten Tag von einer zweiten Absturzstelle, diesmal in der Gemeinde Reich bei Simmern. Oberstleutnant Woites Pioniere hätten, da sie sich ja mit dem geeigneten Gerät noch in Tiefenbach, also unweit des neuen Fundortes befanden, eventuell am folgenden Tag eine zweite Bergung durchführen können. In der Gemeinde Reich nämlich war nach Aussagen des Landwirtes Land jr. im Frühjahr 1945 eine deutsche Maschine abgestürzt. An der Aufschlagstelle sei damals nur ein Ohr des Piloten gefunden worden – eine Bergung aber sei nicht erfolgt. Ob dieser Absturz im Jahre 1945 oder schon 1944 stattgefunden habe, sei augenblicklich nicht mit Sicherheit zu sagen.
Ich versuche, Otto Schmitt zu beruhigen. Waren die Pioniere auch bereits wieder nach Koblenz abgerückt, so kann doch ein weiteres Unternehmen erneut geplant und angesetzt werden. So denke ich jedenfalls und bin überzeugt, vielleicht bis zum kommenden Frühjahr alles vorbereiten zu können, um eine Bergung in die Wege zu leiten. Doch es kommt anders. Über ein Jahr soll vergehen, ehe wir über den Fall Reich endgültige Gewißheit erlangen werden.
Am 31. März 1974 finde ich endlich Zeit, Suchgerät und Gummistiefel im Wagen zu verfrachten und zu einem Ausflug in den

Hunsrück zu starten. Selbstverständlich sind Waltraud und Frank wieder mit von der Partie, und besonders mein Sohn, der sich mit seinen elf Jahren inzwischen schon erstaunlich gut mit den Flugzeugen und Flugzeugdetails auskennt, ist mit Feuereifer dabei. »Diesmal möchte ich aber auch einmal mit dem Suchgerät arbeiten«, sagt er. »Vielleicht finde ich ein größeres Stück von der Focke-Wulf. Nicht wahr, es ist doch eine Focke-Wulf?«

Ich muß lachen. »Kann sein, muß aber nicht«, gebe ich zurück, »so etwas kann man vorher nie beurteilen.«

»Aber in Tiefenbach war es auch eine Focke-Wulf!«

»Wenn Du damit sagen willst, daß Tiefenbach und Reich nicht weit voneinander entfernt liegen und daß die Abstürze eventuell im gleichen Zeitraum stattgefunden haben, die Maschinen vielleicht also ein und derselben Einheit angehörten, dann magst du recht haben. Aber noch ist dies alles eine reine Vermutung.«

Zunächst geht die Fahrt über Bingen, wo wir in Richtung Bad Kreuznach abbiegen. Dann führt uns die schon bekannte Straße nach Langenlonsheim und schließlich nach Guldental, dem früheren Heddesheim, wo Otto Schmitt sein Domizil hat. Wir halten uns nicht lange auf, denn das nun gemeinsame Ziel heißt Reich. Schmitt fährt voraus, bis Tiefenbach kenne ich zwar den Weg, aber diesmal geht es vorher rechts ab, nach Simmern. Und wenig später, nur ein paar Kilometer nordwestlich der Stadt, taucht Reich auf. Schmitt hält vor dem Anwesen des Bauern Land. Dieser schildert uns nach der allgemeinen Begrüßung und Vorstellung – Schmitt ist ja dort bereits bekannt – noch einmal den Flugzeugabsturz aus seiner Sicht, denn er und sein Vater waren damals die ersten an der Absturzstelle. »Nur ein paar Trümmer, ein kleines Teil vom Motor und das Ohr, das war alles, was man seinerzeit vorfand. Es war ein trüber Tag, kein Sichtwetter. Die Maschine muß plötzlich aus den Wolken gekommen sein. Den Absturz und den Aufschlag selbst hat niemand beobachtet.«

Weiter berichtet er, daß das betreffende Ackerland ihm heute nicht mehr gehört. »Den bewirtschaftet jetzt der alte Rössel mit seiner Familie als Pächter.« Also suchen wir, bevor es auf das Feld geht, den Landwirt Herbert Rössel auf, denn diesen muß ich, falls eine Bergung zustande kommen soll, um sein Einverständnis bitten.

Nach etwa einer Stunde zieht eine bunte Gesellschaft am Waldrain entlang und macht vor einem mit Stoppeln bedeckten Ackerstreifen halt: Rössel, Land, Schmitt, und ich, etwas langsamer nachkommend, meine restliche Familie. Langsamer einfach deshalb, weil wir wieder nur ein Paar Gummistiefel mitgenommen hatten und die Wege zum Teil sehr schlammige Furchen aufweisen.
Rössel und Land deuten auf das Feld. Etwa zwanzig Meter vom Weg entfernt zeichnet sich, noch ganz deutlich sichtbar, eine flache Vertiefung im Ackerboden ab. »Dort war es«, sagt man mir. »Und hier lagen noch ein paar kleinere Metallbrocken umher.« Ich habe bereits die Kopfhörer aufgesetzt und das Suchgerät eingeschaltet. Sicherlich waren durch die jahrelange Bearbeitung des Feldes einige Metallstücke zutage gefördert worden, und ich bin gespannt, ob auch hier in Reich noch etwas davon zu finden ist.
Während wir den Boden Furche um Furche systematisch absuchen, erzählen mir die Landwirte, daß kurz nach dem Absturz ein Trupp Soldaten – Wehrmacht, Hilfsdienst oder O.T., das ist nicht mehr so genau festzustellen – eintrafen, um sich mit den wenigen Resten der Maschine zu befassen. Dabei ist man auch auf das Ohr gestoßen. Man versuchte, in dem Krater ein wenig nachzugraben, doch wurde diese Aktion sehr bald wieder eingestellt. »Ein Teil des Motors, wahrscheinlich ein Zylinderkopf, wurde dort drüben aufgefunden«, fügt Land hinzu und deutet dabei auf eine Stelle, die weit von unserem jetzigen Standort entfernt liegt.
Fast bei jedem Schritt spricht das Suchgerät an. Nach dem tieferliegenden Metall können wir jetzt noch nicht graben, aber wir lesen zunächst die praktisch obenauf oder in geringerer Tiefe befindlichen Teile auf. Es sind mehr oder minder große Aluminiumstückchen, darunter etliche, die von den Kühlrippen eines Sternmotors stammen. Also doch eine »190«? Wir suchen weiter. Plötzlich kommt eine noch gut erhaltene Verriegelung zum Vorschein, und dieses rechteckige Teil ist so typisch, daß ich Gewißheit habe: »Das gehört einwandfrei zu einer Focke-Wulf!« erkläre ich den Umstehenden.
Unterdessen haben wir aufgrund der bisher gemachten Funde, darunter auch einige 2 cm-Geschoßhülsen, den Absturzort exakt lokalisieren können. Otto Schmitt, schon auf der Suche nach einem ge-

eigneten Stecken, findet einen dickeren Ast, den er dann als Markierung in das Zentrum des abgesuchten Areals aufstellt. Damit hätten wir die genaue Lage fixiert, die weiteren Einzelheiten können wir unten im Ort besprechen.

Landwirt Rössel, der Pächter des Ackers, erteilt mir die Genehmigung, eventuell eine Bergung durchführen zu lassen. »Das ist selbstverständlich, wenn es darum geht, möglicherweise einem unbekannten Flieger den Namen zu geben«, meint er anschließend. »Nur müßte das bis spätestens Mai erfolgen, weil ich dann wieder einsäen muß.«

Demnach bleiben uns knapp zwei Monate Zeit. Bis dahin, so glaube ich, müßte es gelungen sein, das uns schon bekannte Pionierbataillon von Koblenz im Verein mit dem Volksbund Deutsche Kriegsgräberfürsorge zu aktivieren. Mit diesen Überlegungen und mit dem Hinweis, Herrn Rössel umgehend über die weiteren Ergebnisse zu informieren, verlassen wir die Gemeinde Reich. Nicht unerwähnt soll bleiben, daß Frank selbstverständlich »seine« Teile mit dem Suchgerät aufgespürt und sie mir voller Stolz präsentiert hat.

Wer meine Arbeitsweise kennt, wird nicht zu Unrecht vermuten, daß ich nicht lange zögere in dieser Angelegenheit. Ich richte ein entsprechendes Schreiben nach Koblenz, während der gute Otto Schmitt vorab schon mündlich den Landesverband des VdK von dem Vorgang in Kenntnis setzt und darum bittet, eine Bergung in die Wege leiten zu helfen. Und damit fängt erneut die lange Zeit des Wartens an, in der meine Familie abermals darunter zu leiden hat, daß ich mich stundenlang in meine »gesammelten Werke« vertiefe, um unter den vermißten Jagdfliegern diejenigen herauszusuchen, die für den Absurz in Reich in Frage kommen könnten. Das muß jedoch auf Schwierigkeiten stoßen, da ja das genaue Datum nicht bekannt ist. Immerhin kann ich dabei die Messerschmitt-Piloten außer acht lassen, was sicher schon eine Einschränkung bedeutet, letzthin jedoch leider zu keinem Ergebnis führt. Man müßte zudem noch die genaue Serienbezeichnung der abgestürzten Maschine feststellen können, überlege ich.

Woche um Woche vergeht, der von Rössel angegebene Termin rückt immer näher. Ich rufe Koblenz an. Oberstleutnant Woite ist, wie ich erfahre, inzwischen versetzt worden, doch sein Nachfolger weiß über den Fall Reich Bescheid: »Wir warten nur auf Nachricht des Wehrbereichskommandos in Mainz«, ist die Antwort. Aber in Mainz ist man etwas reservierter: »Wir können und dürfen nichts unternehmen, bevor uns nicht ein entsprechender Auftrag des Volksbundes vorliegt!«

Ich bin verwundert, denn ich nahm an, daß der VdK längst mit den Pionieren wegen einer Bergung verhandelt hat. Noch im Mai eröffnet mir der betreffende Bezirksverband in Koblenz auf telefonische Anfrage hin, daß vor Herbst nichts zu unternehmen sei. Ich würde Nachricht erhalten. Einen Grund für diesen Aufschub nennt man mir nicht.

Auf alle Fälle lasse ich Herrn Rössel wissen, daß er seinen Acker vorerst termingerecht bestellen kann, und frage ihm gleichzeitig, wann das Feld wieder frei sein würde. Seine Antwort: »Ab Ende Oktober, und dann nur für etwa zwei bis drei Wochen. Dann ist die Wintersaat fällig.« Also heißt es erneut zu warten. Jetzt muß ich an die Worte von Otto Schmitt denken, als er mir am Telefon sagte: »Nur einen halben Tag früher ...« In der Tat, vielleicht wäre dann der Fall Reich schon im vergangenen Jahr gelöst worden und man hätte Gewißheit über den Verbleib des Flugzeugführers. Denn dieser, so bin ich nach den gemachten Erfahrungen überzeugt, befindet sich noch in der Erde. Alle Anzeichen sprechen dafür. Dennoch, vorher einen 100%igen Beweis zu führen, ist wohl niemand in der Lage.

Sicher, ich habe auch schon nach Flugzeugführern gefahndet, bei denen es sich erst im Verlauf der Nachforschungen oder nach Bergung einer Maschine herausstellte, daß sie noch am Leben sind oder zumindest den Krieg heil überstanden haben. Der Versuch einer Ausgrabung sollte immer unternommen werden – erst dann kann es mit absoluter Sicherheit feststehen, ob die Aktion zum Erfolg geführt hat oder nicht. Für mich allerdings bedeutet, wie wiederholt gesagt, auch ein negatives Ergebnis insofern einen Erfolg, als darüber Gewißheit herrscht, daß in solchen Fällen dem Piloten tatsächlich der rettende Fallschirmabsprung gelungen sein müßte und dieser somit überlebt hat.

Wir wissen heute, wie sich die Kämpfe der Jagdflieger auf den verschiedenen Kriegsschauplätzen, besonders aber über dem Reich abspielten, unter welchen Bedingungen die jungen Piloten diese Einsätze durchstehen mußten, welchen Belastungen sie ausgesetzt waren und gegen welche Übermacht sie den aussichtslos gewordenen Kampf führen mußten. Damals jedoch, vor 30 Jahren, neigte die Oberste Wehrmachtsführung aus Unkenntnis der realen Situation heraus dazu, an »Verrat« und »Fahnenflucht« zu glauben, wie noch in der Lagebesprechung am Abend des 23. März Hitlers Äußerungen zu entnehmen ist: »Was mich an der Luftwaffe erschüttert«, bekundet er, nachdem ihm die Verlustmeldungen vorgelegt wurden, »sind die sogenannten Vermißtenzahlen der Flugzeuge, wo es einfach heißt: vermißt – über dem Reichsgebiet! Daß sie völlig zerplatzt sind und man gar nichts findet, kann man sich nicht vorstellen. Der Dings hat heute einen bestimmten Verdacht ausgesprochen, ganz unabhängig von mir – das ist aber auch meine Überzeugung ...«

Heute, dreißig Jahre danach, finden wir sie auf den Äckern und Feldern, in Waldstücken und Hängen. Längst nicht alle! – –

Da ich auch bis zum Ende des Sommers im Fall Reich nichts mehr gehört habe, setze ich mich nun mit der Bundesgeschäftsstelle des VdK in Kassel in Verbindung. Von dort geht eine Anweisung an den Landesverband Rheinland-Pfalz in Mainz, und dieser läßt mich Mitte September wissen, daß man das Wehrberechskommando eingeschaltet habe. Nun kann also nichts mehr schiefgehen, denke ich und warte täglich auf weitere Nachricht, wann das Pionierbataillon nach vorhergehender Ortsbesichtigung mit der Ausgrabung beginnen würde. Otto Schmitt sucht unterdessen noch einmal den Landwirt Rössel auf, damit er uns das betreffende Ackerstück freihalten möge. Und Rössel verspricht uns das auch großzügigerweise.

Aber wieder verrinnen die Wochen. Nichts rührt sich. Das regnerische Wetter zwingt Rössel schließlich dazu, die Wintersaat schon früher auszulegen als geplant, und somit scheint eine Bergung für dieses Jahr wiederum in Frage gestellt. Schmitt und ich sind fast verzweifelt, wie man sich vorstellen kann. »Ich verstehe nicht«, meint Schmitt während eines seiner vielen Telefongespräche mit mir, »daß das alles so lange dauert. Die Pioniere stehen, wie man

mir versicherte, auf Abruf bereit. Woran liegt denn das nun eigentlich?«
»Wenn es eben so nicht klappt, dann machen wir das allein«, kann ich nur erwidern. »Wir versuchen eine Privatfirma zu finden – wäre ja nicht das erste Mal – die uns einen Bagger zur Verfügung stellt. Die Unkosten übernehmen wir.«
Ein paar Tage darauf finde ich ein Schreiben des VdK-Bezirksverbandes in Koblenz vor, datiert vom 23. Oktober. Ich überfliege es hastig und lese die wichtigste Passage: »... versuchen, die Maschine am 4. November zu bergen.« Na, endlich!
Als ich zwei Tage später nach Hause komme, reicht mir Waltraud wortlos ein weiteres Schreiben des VdK in Koblenz: »Wir haben am 24. Oktober«, so lese ich, »das fragliche Gelände mit einem Munitionsräumtrupp abgesucht. An der fraglischen Stelle konnte kein Fund registriert werden ... besteht der Verdacht, daß der Ort nicht stimmt ... Augenzeugen sagen aus, daß die Maschine obenauf lag und damals vollkommen ausgebrannt war und daß die Trümmer abtransportiert wurden. ... Somit dürfte erwiesen sein, daß die Suche nach der Maschine eingestellt werden kann. Entsprechend wurde heute das PiBat. in Koblenz informiert.« Peng!
Das darf doch nicht wahr sein! Ich fühle, wie mir das Blut in den Kopf schießt. »Das ist doch einfach nicht möglich!« mache ich mir Luft. Die Stelle ist genau bekannt, wir selbst haben diverse Trümmerteile gefunden. In dem Trichter hat es gebrannt, sagte uns Land seinerzeit. Abtransportiert wurden nur die wenigen obenauf liegenden Teile. Nach dem Piloten wurde nie mehr geforscht und das Ohr ist ein ziemlich eindeutiger Beweis dafür, daß er sich noch in der Maschine befinden muß.
Umgehend rufe ich Otto Schmitt an, bitte ihn, so schnell wie möglich nach Reich zu fahren, um zu hören, was das alles zu bedeuten hat. Das Ergebnis ist so, wie ich es befürchtet habe: Man hat mehrere hundert Meter von der eigentlichen Stelle die Suche angesetzt, obwohl kein Zweifel über die richtige Absturzstelle herrschte. Und mit dem Bauern Land hatte niemand gesprochen.
Otto Schmitt ist es, der anschließend sofort nach Simmern weiterfährt. Dort gelingt es ihm, eine Baufirma auf den Fall hin anzusprechen und sie für das Projekt zu gewinnen. Noch am selben

Abend teilt er mir mit: »Die Firma Dilling hat sich bereiterklärt, uns zu helfen. Ein Bagger steht zur Verfügung, wir brauchen nur den Baggerführer zu bezahlen.« In Gedanken sehe ich Schmitts strahlendes Gesicht.

Am nächsten Sonntag treffen wir uns in Reich und sprechen mit Rössel. »Tja, ich habe inzwischen die Saat drin, aber es soll mir nicht auf die paar Zentner Frucht ankommen, die dabei verlorengehen«, meint er. »Wenn Sie das in dieser Woche noch schaffen, bin ich einverstanden, daß ihr da grabt, zumal es ja fast am Weg oben ist.«

Mit Land jr. fahren wir dann auf das Feld. Ganz weit unten kann man die vom Räumtrupp gebohrten Löcher sehen. »Mir unverständlich, warum die da unten gebuddelt haben«, schüttelt Land den Kopf. »Hätte doch einer mal zu mir kommen können!«

Noch einmal gehe ich mit dem Suchgerät über die von uns gekennzeichnete Stelle hinweg. Wieder lassen sich zahlreiche Metallteilchen finden, darunter diesmal eine Geschoßhülse vom Kaliber 7,9 mm. Das ist natürlich etwas Besonderes, denn aufgrund dieser Munitionsart muß es eine Focke-Wulf der früheren A-5- oder A-6-Serie gewesen sein, da erst ab der FW 190 A-7 die schwereren MG 131 Verwendung fanden. Der Absturz dürfte demnach mit Sicherheit nicht später als Sommer 1944 erfolgt sein. Nach diesem Zeitpunkt war kaum noch eine A-6 im Einsatz, soweit es aus den Einsatzunterlagen der Jagdwaffe hervorgeht.

Die Absturzstelle wird nun nochmals eindeutig markiert, ehe wir uns nach Simmern begeben, um mit Wilhelm Dillig, der uns seine Hilfe angeboten hat, zu verhandeln. Als ich ihm in seiner Wohnung gegenüberstehe, merke ich sofort, daß wir einen Mann vor uns haben, welcher unser Unternehmen ohne zu zögern zu unterstützen bereit ist. Noch relativ jung, dynamisch und aufgeschlossen. Mit ihm fahren wir erneut nach Reich, damit er das Gelände selbst in Augenschein nehmen kann, um den richtigen Bagger auszuwählen. »In Ordnung«, sagt er dann. »Ich schlage vor, gleich am Dienstag zu beginnen. Der Bagger wird gegen acht Uhr hier sein.«

*

19. November 1974. Dieser Dienstag ist einer der wenigen Tage, an denen die Sonne für ein paar Stunden dominiert. Gegen 8.30 Uhr bin ich auf dem Feld, nachdem ich bei Nieselregen von zu Hause losgefahren und deshalb nicht allzu schnell vorangekommen war. Die nötigen Ausrüstungsgegenstände und die entsprechenden Akten – gewissermaßen schon zur Standardausrüstung des Wagens gehörend – befinden sich im Kofferraum. Waltraud hat mir vorsorglich eine gehörige Portion Marschverpflegung mit auf den Weg gegeben, da es ja nicht abzusehen ist, wie lange das Unternehmen andauern und wann ich wieder zurückkehren würde. Bedauerlicherweise kann ich Frank nicht mitnehmen, die Schule geht nun einmal vor. Er wäre eben gern einmal dabeigewesen.

Otto Schmitt ist bereits anwesend, und der Bagger hat schon den Mutterboden zur Seite geschoben. Aufgrund der bisher gemachten Erfahrungen mit Schaulustigen und allerlei »sachkundigem« Publikum hatten wir vorher bewußt nur wenige Personen in die bevorstehende Aktion eingeweiht. Ein solches Ereignis würde sich ohnehin rasch genug herumsprechen.

Die ersten Wrackteile, Trümmer vom Motor – ein BMW 801 – kommen zum Vorschein. Steuergestänge, Blechfetzen, eine dreikugelige Sauerstoff-Flasche, Teile des Leitwerkes. Und wieder, wie schon immer bei den vorangegangenen Bergungen, hängt der typische Geruch von einem Gemisch aus Treibstoff und Öl über dem schweren Boden. Eine Dreiviertelstunde ist vergangen, da stoßen wir auf eine schwarzverkohlte Stelle, in der kleinere Uniformfetzen und ein paar zersplitterte Knochen zu finden sind. Sofort gebe ich dem Baggerführer einen Wink, damit er den Motor seines Gerätes abstellt: »Wir müssen von Hand weiterarbeiten!«

Jetzt heißt es vorsichtig zu sein. Behutsam legen wir Teil um Teil auf einen dafür hergerichteten Platz und unterziehen die Funde einer genauen Untersuchung: Kleine, verkohlte Reste von Fallschirmseide und Uniformstoff, ein Stück des Gurtes, dann eine ausgeglühte Leuchtpistole. Ich sage zu Schmitt, daß er die Stelle in der nächsten Viertelstunde nicht verlassen und auf die Gegenstände aufpassen soll, da ich den VdK benachrichtigen will. »Anschließend gehen Sie dann los und holen die Polizei, damit jemand von der Ordnungsbehörde die Sicherung übernimmt.«

Doch zuvor hebe ich nach sorgfältigem Freilegen einen Teil der Schulterpanzerplatte hoch, Schmitt greift darunter und holt ein verbogenes, ovales Stück Stahlblech hervor – die Erkennungsmarke! 59741-241. Ein großer Glücksfall, angesichts des in kleinste Teile zerrissenen Flugzeuges und wenn man bedenkt, daß es bisher nicht sehr oft gelang, auch die Marke aufzuspüren, um die Identität des Vermißten ohne Schwierigkeiten lüften zu können.
Und genau in diesem Augenblick, während wir die Relikte des Zweiten Weltkrieges, Pilot und Maschine, nach 30 Jahren bergen, während für uns und die zahlreichen Neugierigen, die sich inzwischen um das ausgehobene Loch im Acker drängen, jene schrecklichen Kriegstage wieder gegenwärtig sind, donnern zwei »Phantom« der neuen Luftwaffe über uns hinweg. Die Erkennungsmarke in der Hand richte ich mich auf und schaue der Rotte nach. Es bleibt nur sehnlichst zu hoffen, daß diesen jungen Fliegern dort oben ein ähnlicher Opfergang für immer erspart bleiben wird.
Ich begebe mich in den Ort und rufe den VdK-Landesverband Mainz an, um mitzuteilen, daß wir den unglücklichen Piloten mit seiner Maschine nun doch gefunden haben.
»Das ist ja großartig«, höre ich am anderen Ende. »Was machen wir nun? Von uns kann im Augenblick niemand nach Reich kommen!«
»Dann übergebe ich die Marke und die sterblichen Überreste dem Bürgermeister von Reich. Dort können Sie dann alles übernehmen.«
»Gut, das geht in Ordnung.«
Ein zweiter Anruf gilt der WASt in Berlin, der ich die Nummer der Erkennungsmarke durchgebe. Am nächsten Tag werden wir wissen, wer der vermißte Flieger von Reich ist. Unterdessen erscheint ein von Schmitt verständigter Funkstreifenwagen. Einer der Beamten bleibt am Ort, während die anderen sich bald wieder entfernen, nachdem sie die Kriminalpolizei angerufen haben. Wir gehen indes daran, die vielen Trümmer zu inspizieren. Eigenartig, manche Gegenstände sind so total zerborsten, daß man kaum oder nur mit großer Mühe noch feststellen kann, zu welchem Teil des Flugzeuges sie einmal gehört haben mögen. Andere, wie beispielsweise Kugellager, Motor, Federbein, sind recht gut erhalten.

Hochwertiger, blitzender Stahl, wie fabrikneu. Soeben ist Schmitt damit beschäftigt, den Rest eines MG 17 vom klebrigen Lehm zu befreien. Überhaupt scheint der zähe Hunsrückboden die Trümmer nur widerwillig hergeben zu wollen.
Gegen 15 Uhr treffen zwei Beamte der Kriminalpolizei sowie zwei Vertreter des DRK-Suchdienstes an der Absturzstelle ein. Sie sind allesamt von der Bergung und dem Ergebnis sehr beeindruckt. »Daß es so etwas überhaupt noch gibt«, äußert sich der Kripohauptmeister, »ich meine, daß jemand privat und derart uneigennützig solche Vermißtenforschung betreibt!«
Schließlich gibt die Kripo, die den Fall ja nur routinemäßig behandelt, die Bergungsstelle offiziell wieder frei, der Bagger geht sofort daran, das ausgehobene Loch wieder zuzuschütten und einzuebnen, damit dem guten Rössel kein größerer Schaden entsteht als notwendig. Land hat sich übrigens bereiterklärt, das durch die Arbeiten vernichtete Saatgut zu liefern und einzusäen. Hervorragend!
Die Erkennungsmarke sowie die sterblichen Überreste des gefallenen Piloten übergebe ich den Angehörigen des Suchdienstes, die sich um alles Weitere kümmern wollen. Und damit ist die Bergung in Reich für uns endgültig abgeschlossen. Als am späten Nachmittag auch Herr Dillig noch einmal auf das Feld kommt, um sich von dem Ergebnis der Arbeiten zu überzeugen, frage ich, was wir ihm für die Bereitstellung des Baggers schuldig sind.
»Das ist gut so«, lautet seine Antwort. »Ich will nichts dafür haben. Ein Vermißter konnte geklärt werden – das ist wichtiger!«
Ich bin stark beeindruckt. Wie selten widerfährt einem solche Hilfe. Schmitt und ich werden uns aber auf alle Fälle dem Baggerführer erkenntlich zeigen. Und an dieser Stelle sei Herrn Dillig nochmals dafür gedankt, daß er uns so spontan und uneigennützig seine Hilfsbereitschaft zeigte und uns somit zu diesem Erfolg verholfen hat.
Tage später, nachdem die aufgefundene Erkennungsmarke von der Deutschen Dienststelle in Berlin entschlüsselt werden konnte, ist das Schicksal des Piloten von Reich einwandfrei geklärt: Es ist der 21jährige Gefreite Alfred Teichmann aus Bad Lausick in Sachsen, Flugzeugführer in der 7. Staffel des Jagdgeschwaders 26, abge-

schossen und vermißt während eines Abwehreinsatzes am 29. Januar 1944. Was an jenem Tage geschah, darüber will ich anschließend berichten.

*

Bereits ab 8.30 Uhr des 29. Januar 1944 registriert die deutsche Funkaufklärung einen immer lebhafter werdenden Flugbetrieb über den südostenglischen Basen, demzufolge die 8. amerikanische Luftflotte im Begriff ist, sich zu einem großen Angriffsverband zu formieren. Es ist ein diesiger Tag, fast über dem gesamten Reichsgebiet liegt eine tief hinunterreichende, geschlossene Wolkendecke. Kein Hindernis für die Alliierten jedenfalls, ihre Luftaktivität zu vermindern. Insgesamt rund 800 Viermotorige und etwa die gleiche Anzahl Begleitjäger stoßen eine Stunde später über den Kanal vor und fliegen in der Höhe von Vlissingen–Ostende–Dünkirchen in das Festland ein.
Ein Verband von etwa 400 Kampfflugzeugen fliegt mit direktem Kurs über die Eifel das Rhein-Main-Gebiet an. Sein Ziel: Frankfurt am Main. Zwischen 10.00 und 11.30 Uhr muß dann die Mainmetropole einen ihrer schwersten Tagesangriffe über sich ergehen lassen, wobei die Amerikaner ihre Bomben ohne Erdsicht abwerfen.
Die schlechten Wetterverhältnisse führen dazu, daß nur ein Bruchteil der eingesetzten eigenen Jagd- und Zerstörereinheiten Feindberührung hat. Die geplante Vereinigung der 2. und 3. Jagddivision über Osnabrück und Mönchengladbach schlägt fehl, dem Großteil dieser Verbände gelingt es nicht, die über 3000 Meter dicke Wolkenschicht nach oben zu durchstoßen. Lediglich die II./JG 11 über Holland sowie die II./ZG 26 westlich über Hannover stoßen durch, aber da befinden sich die amerikanischen Formationen bereits auf dem Abflug. Beide Gruppen erhalten wegen des knappen Treibstoffvorrates den Befehl zum Landen, ohne den Gegner angegriffen zu haben.
Währenddessen sind einige Staffeln des JG 2, JG 26 und JG 27 zum Abwehreinsatz gestartet. Gegen 10 Uhr erhält auch die III./JG 3 den Startbefehl und wird von der Bodenstelle in den

Raum Mannheim geleitet. Major Dahl führt die aus 28 Messerschmitt bestehende Formation, die dann kurz vor 11 Uhr über Mannheim-Ludwigshafen an die Amerikaner gerät. Die Luftkämpfe dehnen sich bis nach Trier aus, wobei die Gruppe insgesamt zwölf Abschüsse und drei Herausschüsse erzielt. Nur zwei Verluste stehen diesem Erfolg gegenüber: Leutnant Bolowski fällt über Kusel nach Abschuß einer B-17 »Fortress«, Unteroffizier Bloch wird bei Hermeskeil vom Gegner abgeschossen, drei weitere Flugzeugführer können unverletzt mit dem Fallschirm abspringen.

Auch das JG 27 bleibt mit fünf Luftsiegen an diesem Tag erfolgreich, doch die 6. Staffel verliert ihren Kapitän, Oberleutnant und Ritterkreuzträger Willy Kientsch. Teile des JG 2 haben ebenfalls über dem ostbelgischen Raum Luftkampf mit den Begleitjägern, die in unübersehbarer Zahl die Bomberverbände zu schützen versuchen. Das Resultat: mindestens drei Gefallene sowie drei Verwundete, darunter der Kapitän der 5./JG 2, Oberleutnant Schaedle, der bei Bastogne von einer Thunderbolt abgeschossen wird und sich durch Fallschirmabsprung retten kann.

Von den französischen Absprungplätzen um Cambrai ist auch die 7. Staffel des »Schlageter«-Geschwaders JG 26 mit ihren FW 190 A-6 aufgestiegen. Der Einsatz hat die Maschinen gleichfalls bis in das Gebiet zwischen Mosel und Rhein gebracht. Über dem Hunsrück kommt es mit zahlreichen Lightning der 20. Fighter Group zu einem Gefecht, welches sich teilweise in den Wolken abspielt. Die Deutschen sind dem Gegner hoffnungslos unterlegen, die wenigsten Piloten besitzen genügend Schlechtwettererfahrung, so daß sie alle Mühe haben, sich der Vielzahl der Feindjäger erwehren zu können. Die braune »5« von Unteroffizier Lissak geht mit dunkler Rauchfahne nach unten weg, ihr Pilot springt verwundet ab. Und es muß etwa zur gleichen Zeit sein, da die aus allen Rohren feuernden Lightning auch die Focke-Wulf des Gefreiten Alfred Teichmann voll treffen.

»Im Raum Trier«, so etwa berichtet Unteroffizier Stahnke nach dem Einsatz, »wurden wir plötzlich von vielen P-38 gestellt. Mein Rottenflieger war Teichmann. Um den Gegnern zu entkommen, kurvte ich in eine Wolkenbank ein und bemerkte aber, daß Teich-

mann nicht dran blieb. Wenig später sah ich seine Maschine, die von zwei Amerikanern verfolgt und beschossen wurde. Dann verschwand sie mit Rauchfahne in den Wolken.«
Später, bei der Bergung in Reich, haben wir uns gewundert, auffallend wenig Munition zu finden. Keine zwanzig Geschosse waren es, die wir zwischen den Trümmern heraussuchten. Dafür gibt es eigentlich nur zwei Erklärungen. Entweder hatten die Warte keine Zeit mehr gehabt, die Maschine zum Alarmstart frisch aufzumunitionieren, dann wäre der letzte Flug des Gefreiten Teichmann von vornherein sinnlos gewesen, weil ihm die Voraussetzungen zu einem Abschuß, aber auch zur eigenen Abwehr gefehlt hätten. Oder der Pilot hat seine Munition während des Einsatzes nahezu verschossen. Letzteres ist wahrscheinlich.
Es wird nicht mehr bekannt werden, ob der unglückliche junge Flugzeugführer der deutschen Maschine noch an einen Ausstieg denken konnte. Die FW 190 stürzt plötzlich aus den Wolken und schlägt mit unvorstellbarer Wucht auf dem Acker der Gemeinde Reich auf. Die Tragflächen brechen ab, Teile des jäh verstummten Sternmotors fliegen umher. Es bleibt nur ein kleiner, etwa drei Meter Durchmesser aufweisender Krater, aus dem die Flammen des sich entzündeten Treibstoffes züngeln.
Einige wenige Metallfetzen und vom Flugzeugführer ein Ohr – das ist alles, was der Bauer Land und sein Sohn an jenem 29. Januar 1944 auf dem aufgewühlten Acker zwischen Reich und Reckershausen in den Hunsrückhöhen finden. Teichmanns Rottenführer aber überlebt nur um wenige Wochen. Am 15. März ereilt auch ihn das Schicksal während eines Verlegungsfluges der 7. Staffel nach Rheine. Unteroffizier Kurt Stahnke wird dabei im Luftkampf tödlich abgeschossen.

Ein Feldwebel aus Forst/Lausitz

Die Tatsache, daß die strategischen Luftflotten der Alliierten in England Mitte Februar 1944 einen großangelegten Einsatz gegen die deutsche Flugzeugindustrie planen, ist allgemein bekannt. Nach Ankündigung in Presse und Rundfunk verwirklicht der Gegner diese Großoffensive in der Woche vom 20. bis 25. Februar 1944, die unter der Bezeichnung »Große Woche« (Big Week) in der Luftkriegsgeschichte Eingang gefunden hat.

Am Sonntag, den 20. Februar, formieren sich ab 8.30 Uhr über der britischen Insel die ersten Kampffliegerwellen zum Einsatzflug gegen Deutschland. Gegen 11 Uhr stehen die Spitzen eines aus rund 450 Viermotorigen bestehenden und von starkem Jagdschutz umgebenen Verbandes über dem Kanal, um später mit Ostkursen die Festlandküste zwischen Hoek van Holland und Ijmuiden zu überfliegen. Das Hauptangriffsziel der Amerikaner: Die Flugzeugwerke in Braunschweig, Bernburg und Gotha.

Über Mitteldeutschland liegt an jenem Februartag eine von 4/10 bis 9/10 reichende Wolkenschicht mit Obergrenzen bei 1500 Metern. Darüber milchiger Dunst. Für die Tagjagdeinheiten der Reichsluftverteidigung kommt dieser Großangriff der Amerikaner nicht überraschend, man ist auf die Einflüge vorbereitet. Mindestens 16 Jagd- und Zerstörergruppen, die dem Gegner in der kommenden Woche schwere Verluste zufügen werden, stehen zum Abwehreinsatz bereit, und schon am 20. Februar, dem ersten Tag der Luftoffensive, starten über 360 Maschinen, von denen etwa 150 Feindberührung haben. Aber auch hier treten nicht unerhebliche Ausfälle auf; rund 50 eigenen Flugzeugeinbußen steht der sichere

Abschuß von 27 viermotorigen Bombern und acht Jägern gegenüber, 21 weitere Feindflugzeuge werden als wahrscheinliche Luftsiege verbucht.
Wegen der über einigen Gebieten herrschenden ungünstigen Wetterverhältnisse gelingt es nicht, größere Verbände zu koordinieren, so daß dort jeweils nur Teileinheiten an den Gegner gelangen und dabei vorwiegend mit den amerikanischen Jägern in schwere, verlustreiche Gefechte eintreten. Hauptlast der Kämpfe tragen die Gruppen des JG 1, JG 3, JG 11 und des ZG 26.
Um die Mittagszeit des 20. Februar erhält auch Hauptmann Sinners III./JG 54 den Startbefehl. Die Gruppe, die im Dezember 1943 von Schwerin nach Ludwigslust verlegte, untersteht der 1. Jagddivision in Döberitz. Ihre drei Staffeln entdecken zwischen Hameln und Hildesheim die Spitzen des gegen Bernburg angesetzten Bomberverbandes und greifen an. 13 Uhr! Dem Staffelkapitän der 7./JG 54, Oberleutnant Klemm, gelingt es, aus dem geschlossenen Feindverband eine Viermotorige herauszuschießen, doch er muß noch weitere zwei Angriffe fliegen, ehe er im Verein mit seinem Rottenflieger, Feldwebel Raimann, das gegnerische Kampfflugzeug endgültig zum Absturz bringen kann. Und dann passiert es: Plötzlich sind die Jäger des Begleitschutzes heran.
»Achtung, Jäger hinter Ihnen!« warnt Klemm über F.T., aber für den Feldwebel muß der Ruf zu spät gekommen sein. Mit starker Trefferwirkung stellt sich Raimanns Messerschmitt, die weiße »3«, auf den Kopf und verschwindet mit Rauchfahne in den Wolken nach unten.
Die Luftkämpfe dehnen sich unterdessen bis an die Nordseite des Harzes aus, wobei die 7. Staffel im Raum Goslar nochmals zwei Maschinen einbüßt. Unteroffizier Penka und der Obergefreite Anke fallen. Oberleutnant Patzaks 8./JG 54 hat den Gegner über Quedlinburg gestellt, doch auch hier sind die Begleitjäger schließlich im Vorteil. Zwei Messerschmitt werden abgeschossen, Feldwebel Herrmann und Unteroffizier Romeis springen mit dem Fallschirm ab. Und bei Alfeld wird der Kapitän der 9. Staffel, Oberleutnant Schilling, im Luftkampf verwundet.
Noch lange nach Rückkehr vom Einsatz hofft Klemm, daß sein Rottenflieger mit dem Schirm aussteigen konnte und sich vielleicht

mit Verwundungen in irgendeinem Lazarett befindet. Als bis Anfang März noch immer keine Nachricht eintrifft, schwindet die Hoffnung der Kameraden, den Feldwebel lebend wiederzusehen. Schon einmal, in der Staffel des Hauptmann Wübke, hatte Raimann den Tod vor Augen gehabt, damals, am 6. September 1943, als er über Sologubka an der Ostfront schwer verwundet wurde. Fast eineinhalb Jahre durfte er keine Einsätze fliegen, und erst kurze Zeit vor dem letzten Flug am 20. Februar 1944 kehrte er wieder zu seiner alten Staffel zurück. Gerhard Raimann bleibt diesmal verschollen – bis am 14. November 1973, fast 30 Jahre nach dem Abwehreinsatz, seine sterblichen Überreste geborgen werden.

*

Es ist kaum verwunderlich, daß ich nach Veröffentlichung meines ersten Buches über Vermißtenschicksale deutscher Jagdflieger aus allen Teilen des Landes und sogar aus dem Ausland Zuschriften erhalte. Dennoch bin ich von der Vielzahl dieser Briefe überrascht. Und immer wieder wird darin von neuen Fundstellen, von weiteren Begebenheiten berichtet, die es nachzuprüfen wert sind. So erreicht mich auch ein Schreiben, dem ich anhand beigefügter Zeitungskopie entnehmen kann, daß in Duingen im Kreis Alfeld/Leine Mitte Dezember 1971, zwei Wochen vor Erhalt des Briefes, die Suche nach einem vermutlich in den Märztagen 1945 niedergegangenen deutschen Jagdflugzeuges wegen schlechter Bodenverhältnisse abgebrochen werden mußte. Augenzeugen haben berichtet, daß der Pilot, dessen Identität noch nicht geklärt werden konnte, mit seiner Maschine in das sumpfige Gelände nahe eines Baches abgestürzt ist. Der Volksbund aus Hildesheim will versuchen, eine Bergung im nächsten August bei trockenem Boden wieder aufzunehmen.

Aus diesem Anlaß heraus schreibe ich an Herrn Hancken vom VdK-Landesverband Niedersachsen in Hildesheim, um nähere Angaben über den Fall zu erhalten. Ich bitte ihn, mich zu gegebener Zeit zu informieren, damit ich aufgrund meiner bisher gemachten Erfahrungen vielleicht bei der Auswertung des zu bergenden Wracks und der Klärung des Fliegerschicksals behilflich sein kann.

Eine in Tiefenbach/Hunsrück geborgene FW 190 stellte sich als schwerbewaffneter Sturmjäger heraus, dessen Pilot sich am 2. Dezember 1944 vor dem Absturz durch Fallschirmabsprung retten konnte. Das Bild zeigt einen solchen »Rammbock«, eine FW 190 A-8/R 2 oder R 8 der II./JG 300 in Löbnitz, Oktober 1944. *(Ernst Schröder)*

Auch ein guterhaltenes Kraftstoffbelüftungsventil befand sich unter den zerschmetterten Trümmern des im September 1973 in Tiefenbach entdeckten Sturmjägers.

Die aus 4–5 mm starken Stahlplatten bestehende Kopf- und Schulterpanzerung der in Reich ausgegrabenen FW 190 A-6.

Aus den Bildlisten des DRK-Suchdienstes: Fw. Heinz Schneider, 12./JG 2 (links), der am 23. Dezember 1944 in der Nähe von Bachem, Krs. Ahrweiler abstürzte und dessen Frontausweis mit Foto am Aufschlagort gefunden wurde. Hptm. Ernst Maack, Staffelkapitän der 8./JG 11 (Mitte), galt seit dem 8. April 1944 als verschollen. Der Kampfmittelräumdienst Detmold unter Leitung von Cheffeuerwerker Ulmer barg ihn und die Trümmer seiner Maschine im August 1972 in Raderhorst bei Minden. Uffz. Harald Ottovordemgentschenfelde, 10./JG 3 (rechts), stürzte am 3. August 1944 bei Berwang/Tirol ab. Seine Grabstätte in Berwang blieb ohne Namen, bis im Sommer 1975 die Identität des Piloten festgestellt werden konnte. *(via DRK-Suchdienst)*

Das riesige Doppelleitwerk einer bei Ilse, Krs. Minden niedergegangenen B-24 Liberator der 66. Bombardement Group. Dieser viermotorige Bomber war Hptm. Maacks 7. und letzter Luftsieg. *(Anneliese Limbach)*

Zerborstene Bleche und das Spornrad der Focke-Wulf, in der Uffz. Ottovordemgentschenfelde von der 10. Sturmstaffel JG 3 bei Berwang den Tod fand.

Besonders tragisch ist der Fall des offiziell noch gesuchten Uffz. Herbert Maxis von der 14./JG 53. Maxis mußte am 1. Januar 1945 bei Saarlautern notlanden und wurde, so die Aussagen, von Amerikanern gefangengenommen. Der Flugzeugführer kehrte jedoch nie nach Hause zurück. Im Bild Maxis' weiße »13« in einem Obstbaumgrundstück bei Oberfelsberg. *(Imperial War Museum, London)*

Nachdem am 7. März 1945 US-Truppen die noch intakte »Ludendorff-Brücke« bei Remagen in Besitz nehmen konnten, versuchte die Luftwaffe in den folgenden Tagen in pausenlosen Einsätzen diese Brücke doch noch zu zerstören. Im Bild: Die Ruinen der Brückenauffahrt auf der linksrheinischen Seite, dreißig Jahre danach.

Und da man bereits Teile von der Maschine gefunden hatte, frage ich ferner, ob schon der Typ des abgestürzten Flugzeuges festgestellt werden konnte, da dies ja von vornherein eine Reihe von Suchfällen ausschließen würde. Der Volksbund schickt mir daraufhin ein kleines Blechstückchen, welches von der betreffenden Maschine stammt. Leider erweist sich das Teil als nicht typisch für ein bestimmtes Flugzeugmuster, doch gehört es auf alle Fälle, wie die Nieten beweisen, zu einer deutschen Maschine. Auch die Farbreste lassen darauf schließen.

Am 7. September 1972 findet in der VdK-Geschäftsstelle in Hildesheim bezüglich des Falles Duingen noch einmal eine Besprechung statt, auf der unter anderem die Kostenfrage geklärt werden soll. Wegen des genauen Herganges aller bisherigen Unternehmungen hat man mich an den Herrn Kellermeier, Stadtkämmerer der Gemeinde Duingen, verwiesen. Auch ihn rufe ich an un erhalte eine ausführliche Schilderung. Gleichzeitig erfahre ich aber, daß 1972 keine Bergung stattfinden wird, und so bitte ich auch Kellermeier, mich von den weiteren Schritten, wenn das Projekt akut werden sollte, in Kenntnis zu setzen.

Unabhängig davon erhalte ich gegen Jahresende einen Brief aus Coppengrave, einer Nachbargemeinde von Duingen. Der 18jährige Wolfgang Koch macht mich ebenfalls auf den Absturz des Jagdflugzeuges aufmerksam, und ich weiß zu diesem Zeitpunkt noch nicht, daß jener junge Mann an der erfolgreichen Aufklärung des Absturzes in Duingen einen nicht unwesentlichen Anteil haben wird. Kochs Brief ist der Beginn eines regen Schriftwechsels zwischen ihm und mir, in dem wir versuchen, soviel Daten und Fakten wie möglich zu erhalten, den Tag des Absturzes ermitteln zu können, um dadurch auch dem eventuell noch vermißten Piloten auf die Spur zu kommen.

Schon damals, Anfang 1973, äußert Koch die Vermutung, daß es der 20. Februar 1944 gewesen sein könnte, worauf ich ihm zwei Verluste – zwei verwundete und notgelandete Jagdflieger – nennen kann, die für das betreffende Gebiet in Frage kommen. Der einzige Vermißte, den ich für diesen Tag in meinen Unterlagen verzeichnet finde, ist ein Angehöriger der 7. Staffel des Jagdgeschwaders 54, der aber laut damaliger Meldung im Einsatz über dem Harz abgeschossen worden ist. Daß es gerade dieser Flugzeugführer sein soll, den man später in Duingen aus dem Wrack seiner Bf 109 herausholt, hatte ich nicht vermutet, und es wäre natürlich vor einer Bergung nicht einfach gewesen, das zu beweisen. Wieder ein Grund mehr für mich, sich künftig nicht in jedem Fall auf die angegebenen Verlustorte verlassen zu dürfen.

Noch andere Daten werden genannt, aber alle Hinweise und Nachforschungen in dieser Richtung müssen zu negativen Ergebnissen führen. Dennoch bin ich immer wieder darüber erstaunt, mit welcher Akribie Wolfgang Koch die Informationen zusammenträgt, sie zu analysieren versucht und sich auf diese Weise ernsthaft mit dem in unmittelbarer Nähe seines Heimatortes stattgefundenen Absturz beschäftigt. »Es muß ein Tag, ein Sonntag im zeitigen Frühjahr 1944, mit schönem Wetter gewesen sein, habe ich herausbekommen«, schreibt Koch am 27. April 1973. »Das war am 20. und am 27. Februar 1944 der Fall. Die genaue Stelle, an der die Maschine liegt, ist exakt bekannt, und es wird sehr schwierig sein, sie zu räumen, da sich das Wrack zu einem Teil im Wasser befinden dürfte.«

Nach den Aussagen eines Richtkanoniers der Flak, den Koch befragen kann, muß es eindeutig eine Messerschmitt gewesen sein. Unmittelbar neben dem Auebach hat sie sich etwa sechs bis acht Meter tief in den lehmigen Wiesenboden gebohrt. Dem Piloten ist es nicht gelungen, seine Maschine zu verlassen. Jürgen Reinsdorff aus Hildesheim kann dem hinzufügen, daß im November 1944 ein Leutnant und vier Mann mit Hilfe eines Halbkettenfahrzeuges mit Seilwinde einen ersten Bergungsversuch unternommen hätten, der aber wegen des unzulänglichen Geräts wieder aufgegeben werden mußte.

Gerade im Begriff, den VdK in Hildesheim erneut zu aktivieren, um in Duingen eine Bergung in die Wege zu leiten, erhalte ich Ende August 1973 wieder einen Brief von Wolfgang Koch. Aus seinen Zeilen läßt sich unschwer ablesen, wie verzweifelt er ist, als er mir mitteilt, daß ihn der Bezirksverband des VdK wissen ließ, daß die Vorbereitungen für eine Bergung eingestellt werden sollen. Angeblich fehlten die Mittel, um eine solche Aktion durchführen zu können. Auch bei der Bundeswehr, an die sich der VdK gewandt

hätte, würde kein Interesse daran bestehen. Nun, ich selbst weiß von derartigen Schwierigkeiten ein Liedchen zu singen.
Schon im Jahre 1964, als das Munitionsräumkommando Hannover in Duingen eine englische Fliegerbombe zu entschärfen hat, versucht Wilhelm Kellermeier, bei dieser Gelegenheit den Trupp auch für die Bergung des abgestürzten Flugzeuges einsetzen zu lassen. Denn in den vergangenen Jahren wurde immer wieder von der deutschen Maschine gesprochen und von dem Piloten, der sich noch darin befinden mußte. Hingegen erklärt sich das Räumkommando als nicht zuständig, da es sich nicht um ein »Bombenflugzeug« handelt. Für Jagdmaschinen scheinen demnach andere Voraussetzungen gültig zu sein. Schließlich, auf Initiative des Volksbundes, kommt es im Dezember 1970 zu jenem Bergungsversuch, der, wie schon erwähnt, dann wegen schlechter Witterungs- und Bodenverhältnisse ergebnislos verläuft.
Inzwischen hat der VdK alles versucht, den Fall weiterzuverfolgen. »Die Bundeswehr«, so berichtet Kellermeier, »durfte nicht eingesetzt werden, weil sie an ihre eigenen Aufgaben gebunden sei und weil dadurch ein Verdienstausfall bei Gewerbetreibenden entstehen könne!« Auch Feuerwehr oder andere freiwillige Hilfe dürfe nicht in Anspruch genommen werden, weil Explosionsgefahr der Bordmunition bestände, während das Räumkommando wiederum nicht eingesetzt werden kann, weil eben keine Bomben, sondern nur Bordmunition in der abgestürzten Maschine vorzufinden vermutet wird. Man sieht wieder einmal, wie erheblich die Widerstände und Schwierigkeiten sind, die es zu überbrücken gilt, um einen Kriegstoten, einen deutschen Flieger, nach fast drei Jahrzehnten aus dem Erdreich zu holen, ihm seinen Namen zu geben und ihn zur letzten Ruhe betten zu können.
Kein Wunder, daß nicht nur Wolfgang Koch zu resignieren beginnt. Da im Fall Duingen die Behörden nicht mehr in der Lage zu sein scheinen,etwas zu unternehmen, läßt der Tongrubenbesitzer Waje sen. am 27. Oktober 1973 durch eine Tiefbaufirma an der Aufschlagstelle nachgraben. Die Genehmigung der Grundstückseigentümer liegt vor. Schon in etwa drei Meter Tiefe stößt der Bagger auf Bleche, die von einer Tragfläche stammen. Munition wird geborgen, dann ein Teil des Fahrwerkes. Am selben Abend

muß die Bergung wegen Überflutung der Grube eingestellt werden, außerdem erläßt die Gemeinde ein Arbeitsverbot wegen Explosionsgefahr.
Unterdessen haben Vertreter des Wehrbereichskommandos Hildesheim doch noch die Absturzstelle inspiziert und eine Grabung nach dem Wrack für unbedenklich angesehen. Oberst Meyer zum Felde sagt größtmögliche Unterstützung bei der Weiterführung der Bergung zu.
Am 13. November ist es dann endlich soweit. Dank der Hilfe von Oberforstmeister Bergmann und Oberförster Thiele wird der Auebach umgeleitet, die Grube leergepumpt. Und am folgenden Tag greift der Bagger wieder in das Erdreich hinein. Man entdeckt zunächst Teile der Kanzel, wenig später den Motorblock. Der wichtigste Fund bis dahin aber kommt in vier oder fünf Meter Tiefe zum Vorschein: Fallschirm, Skelett-Teile und die Armbanduhr des Flugzeugführers. Zwischen den Überresten ein Brief mit Datum 14.2.44. Von der Anschrift können die Männer gerade noch den Dienstgrad und den Vornamen entziffern: Feldwebel Gerhard ...!
Kellermeier benachrichtigt während der Arbeiten den VdK, der dann bei der weiteren Bergung zugegen ist und schließlich die Identifizierung des Piloten veranlassen kann, denn am nächsten Tag läßt sich unter verschiedenen anderen, persönlichen Dingen, wie Feuerzeug, Kamm, Münzen auch die Erkennungsmarke auffinden. Nur Stunden danach steht es eindeutig fest: Der Gefallene von Duingen ist der am 20. Juni 1919 in Guben geborene Feldwebel Gerhard Raimann von der 7./JG 54.
Fast auf den Tag genau nach 30 Jahren, am 19. Februar 1974, steht die jetzt 76jährige Mutter von Gerhard Raimann aus Forst/Lausitz am kränze- und blumengeschmückten Grab Nr. 25, Reihe XV. Die letzte Ruhestätte ihres Sohnes auf dem Soldatenfriedhof Salzderhelden bei Einbeck. Sie weiß, daß sie die Klärung seines Schicksals nach so langer Zeit der Ungewißheit eigentlich der Privatinitiative von Duinger Einwohnern verdankt.
Sowohl Christian Waje sen., Wilhelm Kellermeier, die Forstbeamten Bergmann und Thiele, der unermüdliche Wolfgang Koch, als auch die vielen anderen Duinger haben dazu beigetragen, die mit Hürden gespickten Verwaltungswege zu überwinden und den ge-

fallenen Jagdflieger in ihrer Feldmark zu bergen und den Vermißtenfall zum positiven Abschluß zu bringen.
Es bleibt noch zu erwähnen, daß Wilhelm Kellermeier mir einen eingehenden Bericht über die Bergung von Duingen übermittelte und mich bat, die Geschichte vielleicht einmal in meinem nächsten Buch wiederzugeben. Dem bin ich gern nachgekommen, nicht zuletzt auch deshalb, um an dieser Stelle den Duingern uneingeschränkt Bewunderung zu zollen.

»Bodenplatte«-Schicksale

Hauptmann Friedrich Müer, Chef der IV. Gruppe des Jagdgeschwaders 53 »Pik As«, hat wie alle Kommandeure der im Westen des Reiches stationierten deutschen Jagdverbände am Silvesterabend 1944 seinen Staffeln von dem bevorstehenden und strengster Geheimhaltung unterliegenden Großeinsatz in Kenntnis zu setzen. Im Zusammenhang mit dem Unternehmen »Bodenplatte«, in seinen Einzelheiten hinreichend bekannt und in anderen Publikationen beschrieben, fällt dem JG 53 die Aufgabe zu, den bei Metz in Frankreich gelegenen Flugplatz Frescaty anzugreifen, wobei hier ein überraschend zu führender Schlag den vorgeschobenen amerikanischen Jagdeinheiten und deren Bodenorganisationen gilt. Mit etwa zwanzig Messerschmitt startet die Gruppe in der Morgendämmerung des Neujahrstages 1945 von den Plätzen bei Stuttgart, um im Verein mit den beiden anderen Gruppen des Geschwaders, der II./JG 53 in Mannheim und der III./JG 53 in Kirrlach, den gegnerischen Horst südlich von Metz anzufliegen. Es wird ein verlustreicher Einsatz, von dem sieben Piloten der IV. Gruppe nicht mehr zurückkehren. Von einem weiß man mit einiger Sicherheit, daß er südostwärts von Frescaty in Gefangenschaft geraten sein muß, alle übrigen bleiben zunächst vermißt. Fünf dieser Flugzeugführer gelten auch heute noch als Suchfall.

*

Etwa im Jahre 1971 beginne ich damit, die mir bekannten Verluste der Jagdwaffe, die sie im Verlauf der Ardennenoffensive erlitten

hatte, auf den letzten Stand zu bringen; ich versuche festzustellen, wieviel der damals als vermißt gemeldeten Jagdflieger tatsächlich noch verschollen sind, damit ich Nachforschungen entsprechend gezielter vornehmen und ansetzen kann. Diese Aufstellung, die es nur mit Unterstützung und Hilfe der Deutschen Dienststelle in Berlin anzufertigen gelang, liegt nach monatelanger Arbeit schließlich fertig vor mir. Aus ihr läßt sich unter anderem erkennen, daß rund 60 der am »Bodenplatte«-Einsatz beteiligten Flugzeugführer in die Hände des Gegners geraten waren, darunter einige, die ich anhand der Werknummern ihrer abgeschossenen Maschinen zu identifizieren in der Lage bin.
»Kann es nicht möglich sein«, macht mich eines Tages meine Frau aufmerksam, »daß von den über Feindgebiet abgeschossenen Piloten einige gefangengenommen wurden und erst danach verschollen sind? Vielleicht war ja bei einigen der noch Vermißten bereits eine Spur vorhanden.«
Ich bin skeptisch: »Normalerweise dürften die im Westen in Gefangenschaft geratenen Flieger später auch wieder heimgekehrt sein.«
»Normalerweise ...«, wirft Waltraud ein. »Was hat es im Krieg schon bedeutet ... normalerweise!«
Über dieses Gespräch muß ich oft nachdenken. Immer wieder hole ich die bekannten Aufnahmen hervor, welche die Engländer nach dem Neujahrseinsatz von abgeschossenen deutschen Flugzeugwracks gemacht hatten, und ich meine, daß davon noch weit mehr vorhanden sein müßten, die in den Archiven der Alliierten ruhten. Ferner kann ich mir vorstellen, daß auch Fotos existieren, auf denen abgesprungene, notgelandete und gefangengenommene deutsche Flugzeugführer zu sehen sind.
Im Mai 1974 haben wir uns entschlossen, einen lange gehegten Wunsch zu verwirklichen, nämlich den Sprung über den Kanal zu machen, um uns die britische Metropole anzusehen. Und gleich am nächsten Tag nach unserer Ankunft in London, wie könnte es anders sein, sitzen wir in der »tube«, der Untergrundbahn, die uns zur Lambeth Road bringt. Hier befindet sich das Imperial War Museum, das in seiner Art wohl einmalig sein dürfte, denn das IWM beherbergt eine der umfangreichsten Sammlungen der Kriegsge-

schichte. Nicht nötig zu erwähnen, daß man das Museum praktisch mehrmals besuchen müßte, um diese militärhistorische Ausstellung ausführlich betrachten zu können. Mein Ziel ist die Fotoabteilung, welche dem IWM angeschlossen ist. Mit dem Leiter dieser Abteilung, den ich von früherem Schriftwechsel her kenne, vereinbare ich einen Termin für den nächsten Tag, damit ich das von mir gewünschte, spezielle Fotomaterial einsehen kann. Um welche Art Aufnahmen es sich im einzelnen handelt, weiß ich allerdings noch nicht.

Während Waltraud tags darauf das Museum durchstreift, legt man mir im Besucherraum der Fotoabteilung einige große Umschläge vor, je gut hundert Abbildungen enthaltend. Wie immer bei solchen Gelegenheiten, vergeht die Zeit viel zu schnell, um eine intensivere Auswertung an Ort und Stelle vorzunehmen, doch ich bestelle mir ein paar dieser Aufnahmen, von deren Wichtigkeit ich bereits überzeugt bin. Man bekommt nämlich nach all den Jahren, in denen man sich mit einer bestimmten Materie befaßt, einen untrügerischen Blick, um sofort unterscheiden zu können, ob ein Foto aussagekräftig ist oder nicht. Bisher jedenfalls habe ich in dieser Beziehung noch immer das richtige Gespür dafür gehabt.

Wochen später trifft das umfangreiche Päckchen aus London ein. Und jetzt nehme ich mir die Zeit, jedes Bild eingehend zu studieren. Zwei Fotos sind es, welche mein besonderes Interesse wecken. Auf beiden ist eine auf dem Bauch liegende Bf 109 zu erkennen, beide Maschinen gehören den Markierungen nach zu urteilen der gleichen Einheit, dem JG 53 an, der Grund, weshalb ich eingangs vom Einsatz des »Pik As«-Geschwaders berichtet habe. Die Legende zu den Aufnahmen erweist sich hingegen als weniger informativ, sie besagt nur, daß es sich um zwei deutsche Jagdflugzeuge handelt, die bei den Kämpfen im Westen einmal von amerikanischer Flak abgeschossen, zum anderen von US-Truppen aufgefunden worden sind.

Kein Hinweis auf ein Datum. Aber auf dem einen Foto stehen neben dem Bruch amerikanische Soldaten und ein am Kopf verwundeter deutscher Flieger, offensichtlich der Pilot dieser Messerschmitt. Leider verdecken die abgebildeten Soldaten das Leitwerk der Maschine, was eine Identifizierung des Flugzeugführers anhand der vielleicht zu erkennen gewesenen Werknummer verhindert. Doch es gibt andere Merkmale, die es schließlich auszuwerten gelingt und zu dem Namen des Piloten führen. Die Bf 109 weist nämlich ein schwarzes Rumpfband auf, eine Geschwaderkennung innerhalb der Verbände der Reichsverteidigung, und dieses schwarze Band mit der weißen Schlangenlinie darin sagt aus, daß es sich hier einwandfrei um eine Messerschmitt der IV. Gruppe des Jagdgeschwaders 53 handelt. Vor dem Balkenkreuz am Rumpf muß die Maschine ursprünglich einmal eine zweistellige Zahl als taktische Nummer getragen haben, die später, weil vielleicht ein Flugzeug aus einer anderen Staffel, überstrichen worden ist. Darüber läßt sich, undeutlich zwar, eine »2« erkennen, deren Farbton für gelb zu hell und für rot zu dunkel erscheint und eventuell blau gewesen sein könnte. Am Neujahrstag 1945 war aber eine blaue »2«, so stelle ich rasch fest, beim Angriff des JG 53 auf Metz-Frescaty verlorengegangen, ihr Pilot im Anschluß daran als vermißt gemeldet worden: Der Gefreite Alfred Michel von der 16. Staffel. Ihn habe ich in meiner Aufstellung als Heimkehrer vermerkt, und auf Umwegen über einen ehemaligen Angestellten der Lufthansa kann ich Michel durch Zufall ausfindig machen – er lebt heute in Bad Homburg und ist nicht wenig erstaunt, als er das unmittelbar nach seiner Gefangennahme gemachte Foto in den Händen hält. Michel war am 1. Januar 1945 bei Halstroff in Frankreich das Opfer einer Flakeinheit der 90. US-Division geworden.

Das zweite Foto soll hingegen das unglückliche Schicksal eines anderen Jagdfliegers aufdecken. Es wurde, so lautet der Begleittext, bei Saarlautern, dem heutigen Saarlouis aufgenommen, nachdem eine amerikanische Heereseinheit das Wrack dort entdeckt hatte. Auch auf dieser Abbildung ist eine flach aufliegende Messerschmitt zu erkennen, deren Rumpfband und Wellenlinie sie gleichfalls der IV./JG 53 zuordnen. Als Kennung trägt die arg zerbeulte Maschine, eine Bf 109 G-14/AS, die weiße »13« am Rumpf. Unter all den eingetragenen Verlusten des JG 53 im Zeitraum Dezember 1944 bis zu Kriegsschluß finde ich nur eine einzige weiße »13« der IV. Gruppe: Die Maschine von Unteroffizier Herbert Maxis, der seit dem Unternehmen »Bodenplatte« verschollen ist.

Was mich jedoch besonders beschäftigt, ist die Tatsache, daß die

Maschine, mitten in einem Obstbaumgelände, auf dem Bauch aufliegt, so daß der Pilot ohne Zweifel eine Notlandung durchgeführt und sich demzufolge bei der Landung noch im Flugzeug befunden haben mußte. Was aber ist danach geschehen?
In der Hoffnung, daß man anhand der beigefügten Kopie des betreffenden Fotos feststellen kann, wo überhaupt der Absturz erfolgt ist und ob etwas über den Verbleib des Flugzeugführers bekannt wäre, wende ich mich an die Stadtverwaltung von Saarlouis. Auch bitte ich, daß man in der Nähe eventuell nach dem Grab eines als unbekannt beerdigten deutschen Fliegers forschen möge, weil ja die Möglichkeit nicht auszuschließen ist, daß der Pilot, vielleicht schwer verwundet, anschließend seinen Verletzungen erlag und man den Toten erst viel später aufgefunden haben mag, ohne ihn identifizieren zu können.
Die vom Stadtamtmann Schu in und um Saarlouis gründlich und in dankenswerter Weise angestellten Ermittlungen führen in einem Teil zu einem positiven Ergebnis, zum anderen aber erhalten wir im Fall des Schicksals von Unteroffizier Maxis Kenntnis von einer Begebenheit mit tragischem Hintergrund.
Ein Aufruf in der »Saarbrücker Zeitung«, welche die Suche nach der Absturzstelle und dem Flugzeugführer zum Inhalt hat, findet in der Bevölkerung eine ungewöhnliche Resonanz, und aus der Vielzahl der eingehenden und übereinstimmenden Hinweise läßt sich der Ort der Bruchlandung zweifelsfrei bestimmen. Unteroffizier Maxis' Jagdflugzeug, dessen Wrack die Abbildung zeigt, war am 1. Januar 1945 auf einem Obstbaumgrundstück der Gemeinde Oberfelsberg, rund sechs Kilometer südwestlich von Saarlouis, unmittelbar an der nach Metz führenden Straße bruchgelandet. »Teilweise hat das Flugzeug noch lange nach Kriegsschluß Kindern als Spielplatz gedient. Ein damals Zehnjähriger kann sich noch sehr genau daran erinnern, in der Kanzel gesessen und den Steuerknüppel betätigt zu haben«, so schreibt Amtmann Schu. »Heute steht ein Bungalow auf diesem Gelände. Und nach weiteren Angaben verlief in unmittelbarer Nähe ein Panzergraben, in dem Monate nach dem Geschehen die Maschine zugeschüttet wurde.«
Als weit schwieriger erweisen sich allerdings die Nachforschungen nach dem Verbleib des Flugzeugführers. Oberfelsberg war zu jener

Zeit größtenteils evakuiert worden, die Notlandung selbst schien deshalb kaum jemand beobachtet zu haben, denn soweit Personen in der Gemeinde zurückgeblieben sind, haben sie bei derartigen Ereignissen ihre Häuser nicht verlassen. Zwei Aussagen jedoch lassen eine zu dem Piloten des JG 53 führende Spur erkennen. Beide Einwohner, von denen diese Angaben stammen, sind aber nicht Augenzeuge gewesen, sondern kannten den Hergang nur vom Hörensagen, von Personen, die zwischenzeitlich verstorben sind.

Als der Flugzeugführer seine verhältnismäßig glimpflich heruntergebrachte Maschine verlassen wollte, soll er sofort von amerikanischen Soldaten erschossen worden sein. Sicherer erscheint die Angabe, wonach der Pilot die Notlandung unverletzt überlebte. Er soll anschließend als Gefangener der Amerikaner im Jeep stehend und mit erhobenen Händen durch Feldberg gefahren und in Richtung Ittersdorf gebracht worden sein. »Das klingt wahrscheinlich«, so Schu, »denn in Ittersdorf lag damals eine amerikanische Geschützstellung. Auch ein Transport nach Bousonville oder Metz wäre möglich, da sich dort die US-Kommandanturen sowie Lazarette befanden.«

Wer aber hat Unteroffizier Herbert Maxis nach dieser Fahrt noch gesehen? Anzunehmen, daß die während des Einsatzes am 1. Januar 1945 gefangengenommenen deutschen Piloten zu irgendeiner Sammelstelle gebracht worden sind, um einem Verhör unterzogen zu werden, und dort auch mögen sich ihre Wege noch einmal gekreuzt haben. Von einer Aussage, den Unteroffizier Maxis dort getroffen zu haben, ist jedoch nichts bekannt; er ist nie mehr heimgekehrt. Auch der eingangs erwähnte, gleichfalls am 1. Januar 1945 abgeschossene Alfred Michel betont, keinem weiteren Piloten der Gruppe in den verschiedenen Lagern begegnet zu sein, doch ein Zusammentreffen von Flugzeugführern der gleichen Einheit könnte ohne weiteres von seiten der Amerikaner auch absichtlich verhindert worden sein. So etwas war nicht unüblich.

Dennoch erhärtet sich nach den Aussagen aller Befragten die Vermutung, daß Unteroffizier Herbert Maxis offensichtlich erschossen worden ist. Über die amerikanischen Dienststellen läßt sich der Verbleib des Verschollenen nicht aufklären, und wenn es tatsächlich zutrifft, daß man Maxis erschossen hat, so wäre das leider kein

Einzelfall. Wenn aber heute immer wieder auf gewisse Geschehnisse verwiesen wird, die man deutschen Wehrmachtsangehörigen zur Last legt, ist das, wie wir wissen, einseitig. In bestimmten Angelegenheiten, besonders das letzte Kriegsstadium betreffend, hat sich keine der beteiligten Seiten etwas vorzuwerfen. Man sollte heute den nötigen Abstand dazu gewonnen haben, das zu erkennen. Denn die Ausübung von Kriegsverbrechen entspricht, wie vielfach bequemerweise zu suggerieren versucht wird, eben nicht ausschließlich einer deutschen Mentalität.

Im Netzebruch verschollen

Von der bei Kolo an der Warthe eingesetzten 10. Panzergrenadierdivision ist nicht mehr viel übriggeblieben, nachdem am 20. Januar 1945 die Stoßkeile der 1. Weißrussischen Front zum Angriff angetreten waren und die deutschen Stellungen mit massierten Panzerkräften überrannt hatten. Die Reste der Division, sofern sie der Gefangennahme entgehen konnten, weichen in Richtung Posen zurück. So kommt es, daß eine Gruppe von vier versprengten Panzergrenadieren, die sich im Wirrwarr des überstürzten Rückzuges zusammenfanden, im allgemeinen Durcheinander hinter die russischen Linien gerät und nun versucht, in westlicher Richtung vordringend, die HKL zu erreichen. Ein vergebliches Bemühen, wie sich herausstellen soll, denn in diesem Kampfraum existiert keine Hauptkampflinie mehr.

Posen wird am 27. Januar von russischen Truppen eingeschlossen. Der Fluchtweg von Unteroffizier Gerhard Kalden und seinen drei Kameraden führt zunächst nördlich an der Stadt vorbei, da man glaubt, von dort in Richtung Nordwesten am ehesten auf die eigenen Truppen zu stoßen. In der Nacht zum 29. Januar erreichen sie in dem schon feindbesetzten Raum um Filehne den Netzebruch. Der Fluß ist zugefroren, so daß die vier Versprengten hoffen, ihn ohne große Umwege überschreiten zu können. Auf der anderen Seite heben sich die Silhouetten von Häusern ab; Ortschaften, die sich ebenfalls bereits in russischer Hand befinden. Also ist äußerste Vorsicht geboten.

Lautlos beginnen die vier Soldaten die Netze zu überschreiten. Sie wollen versuchen, zwischen den besetzten Dörfern, aus denen unverkennbar Panzermotorengeräusche herüberdringen, das jenseitige Ufer zu erreichen. Es ist mehr als gefährlich, da die weiße, vom Mond beschienene Eisfläche nicht die geringste Deckung bietet. Die vier Männer wagen es dennoch.

Fast in der Mitte des Flusses erkennen die Soldaten ein einmotoriges Flugzeug, eine deutsche Maschine, wie die Balkenkreuze bezeugen. Sie war offensichtlich nicht abgestürzt, sondern mußte im Gleitflug niedergegangen sein – eine Notlandung vielleicht. Dabei hatte sich das Jagdflugzeug auf den Kopf gestellt, Rumpf und Leitwerk ragen in die Höhe. Die Panzergrenadiere gehen vorüber, ohne die Maschine näher zu untersuchen, denn sie müssen damit rechnen, jeden Augenblick von den Russen entdeckt zu werden. Vom jenseitigen Ufer her macht sich das Motorengeräusch immer stärker bemerkbar. Keine hundert Meter von der kopfstehenden Maschine entfernt stoßen sie auf einen menschlichen Körper, den toten Flugzeugführer. Kalden kann sich später noch an folgende Einzelheiten erinnern: »Er lag auf den Knien, der Oberkörper war nach hinten übergefallen. Er war mit einer Luftwaffenuniform bekleidet und trug Fliegerstiefel, aber keine Kombination. An der Uniformjacke, die vorn geöffnet war, erkannte ich die Schulterklappen eines Unteroffiziers oder Feldwebels. Das Alter des Gefallenen schätzte ich auf 20 bis 23 Jahre. Er hatte hellblondes Haar. Die Lage des Piloten deutete darauf hin, daß er im Knien getötet worden sein mußte, ich konnte von vorn aber keine Verletzungen oder Schußwunden feststellen.«

Es ist anzunehmen, daß man den toten Flieger eventuell geborgen hätte, wenn der Absturz noch vor dem Herannahen der russischen Truppen erfolgt wäre. Der Umstand aber, daß sich der unglückliche Pilot etwa 50 bis 100 Meter von seiner Maschine entfernt befindet, läßt jedoch darauf schließen, daß er erst nach dem Verlassen des Flugzeuges getötet worden ist und zwar offensichtlich vom Gegner. Für eine Suche nach der Erkennungsmarke oder anderen, zur Feststellung der Identität des Gefallenen dienenden Gegenständen bleibt den vier Soldaten keine Zeit; die Gefahr des Entdecktwerdens ist zu groß. Der Tote ist auf dem Eis festgefroren, seine Uniform ebenfalls hartgefroren. Kalden vermutet, daß das Jagdflugzeug etwa zwischen dem 26. und 28. Januar auf dem Eis der Netze notgelandet sein mußte. Der Ort Filehne und somit auch die Nachbarorte wurden, wie aus militärgeschichtlichen Werken ersichtlich, am 27. Januar von den Truppen der Roten Armee besetzt.

Das Schicksal des gefallenen Flugzeugführers bleibt ungeklärt, da die versprengten Panzergrenadiere verständlicherweise zuerst an das eigene Durchkommen denken müssen. Es wird ein harter, strapaziöser und leidensvoller Weg: Unteroffizier Kalden gelingt es als einzigen dieser Gruppe am 16. Februar 1945 bei Arnswalde in Pommern den Anschluß zu den eigenen Truppen zu finden. Über den weiteren Verbleib des toten Piloten aber ist nichts mehr zu erfahren gewesen. Die Vermutung dürfte naheliegen, daß er zusammen mit der Maschine beim Auftauen der Eisfläche versunken ist und so sein letztes Grab in den Fluten der Netze gefunden hat.

*

Als ich die Schilderung Dr. Gerhard Kaldens, der heute in Darmstadt lebt, im Januar 1972 in den Händen halte, überkommt mich wieder der Gedanke daran, wieviele ähnliche Schicksale es gegeben haben mußte, ohne daß jemand davon auch nur am Rande davon Kenntnis erhalten hat. Immerhin ist es ja nur einem Zufall zuzuschreiben, daß der Fluchtweg der vier deutschen Soldaten gerade an dieser Stelle des Flusses vorüberführte, an der sich das sonst nie bekanntgewordene Drama auf dem Eis abgespielt hatte. Dr. Kalden, durch Presseberichte auf meine Nachforschungen aufmerksam geworden, zögert nicht lange, mir von seinem fast schon in Vergessenheit geratenen Erlebnis in jener mondhellen Januarnacht zu berichten. Wenn auch wegen der beschriebenen Umstände und wegen der nun dazwischenliegenden 27 Jahre die Angaben nicht ausführlicher ausfallen konnten, so ersehe ich, daß sie doch einige Anhaltspunkte erkennen lassen, die markant genug sind, den Versuch einer intensiveren Nachforschung durchführen zu können.

Ich beginne damit, zunächst festzustellen, welche Jagdfliegereinheiten im Januar 1945 im nördlichen Abschnitt der Ostfront, also in Pommern/Warthegau eingesetzt gewesen sind. Es ist bekannt, daß nach der gescheiterten Ardennenoffensive ein Großteil der Jagdverbände hinsichtlich des Mitte Januar aus dem Weichselbogen heraus erfolgten Großangriffes der sowjetischen Armeen nahezu überstürzt von der Westfront an die Ostfront geworfen wurden. So auch das Jagdgeschwader 3 »Udet«, dessen Gruppen sich etwa um den 23. Januar auf verschiedenen Plätzen Ostpommerns befinden. In Märkisch Friedland ist zudem die IV. Gruppe des Ergänzungsjagdgeschwaders 1 stationiert. Auf diese beiden Einheiten konzentriere ich meine Untersuchungen. Drei noch vermißte Flugzeugführer der III./JG 3 sind es schließlich, die ich mit dem von Dr. Kalden geschilderten Fall in Zusammenhang bringe. Einer von diesen Drei muß mit an Sicherheit grenzender Wahrscheinlichkeit der tote Flieger auf dem Eis der Netze gewesen sein.

Durch Zufall erhalte ich Anfang des Jahres 1975 die Anschrift eines Angehörigen der 10. Staffel des JG 3, die Mitte Januar 1945 von Lippspringe an die Ostfront verlegt und zunächst im Raum Stargard stationiert ist. Unteroffizier Michael Vogl, heute Standesbeamter in Ebensee/Österreich, kann sich nur noch an die dort herrschenden schlechten Wetterbedingungen mit Schnee- und Regenfällen erinnern: »Wir flogen deshalb sehr wenig Einsätze von Stargard aus. Tage später erfolgte eine weitere Verlegung der III. Gruppe nach Stettin-Altdamm.«

Staffelführer der 10./JG 3 ist zu dieser Zeit Leutnant Angst, der bei der Ergänzungsjagdgruppe Ost Fluglehrer gewesen war bevor er Anfang Januar 1945 nach dem Tode von Leutnant Jung im »Bodenplatte«-Einsatz dessen Staffel übernimmt. Leutnant Angst selbst wird gleich bei einem der ersten Unternehmen an der Ostfront bei Schneidemühl von russischer Flak abgeschossen, aber er bringt seine Messerschmitt noch hinter den eigenen Linien herunter. Am 26. Januar erhält die III. Gruppe den Auftrag, im Raum südlich von Schneidemühl Tiefangriffe auf russische Fahrzeug- und bespannte Kolonnen durchzuführen. Während dieser Angriffe erhält der Staffelkapitän der 12./JG 3, Hauptmann Seidenberg, ebenfalls Flaktreffer; er ist der erste Gefallene des JG 3 im neuen Kampfraum. Unteroffizier Vetter von der 11. Staffel startet um 13.08 Uhr zum Feindflug und kehrt nicht mehr zurück. Er

An den Einsätzen gegen die Brücke von Remagen waren auch Düsenkampfflugzeuge vom Typ Arado Ar 234 B-2 der III./KG 76 beteiligt. Im Frühjahr 1975 wurden nur 15 Kilometer davon entfernt bei Goldscheid, Krs. Neuwied die Trümmer einer dieser Maschinen entdeckt. Der Pilot galt noch als Suchfall. *(US Air Force)*

Durch Zufall beim Spazierengehen im Fockenbachtal gefunden: Die Ölpumpe unterhalb des Stirngehäuses einer Jumo-004-Turbine. Dieses Triebwerk gehörte zu der Anfang März 1945 bei Goldscheid abgestürzten und von Ofw. Bruchlos gesteuerten Ar 234.

Uffz. Harald Cuntz, Flugzeugführer der 8./JG 11 (links). Das Jagdgeschwader 11 unter Oberstlt. Graf (unten) verlor in der Luftschlacht vom 10. Februar 1944 über Norddeutschland nicht weniger als dreizehn Piloten. Schon im Oktober des vorausgegangenen Jahres hatte Cuntz sein Schicksal mit unheimlicher Zeitgenauigkeit vorausgeahnt; auch er zählt zu den Gefallenen dieses Einsatzes. *(via Donald Cuntz)*

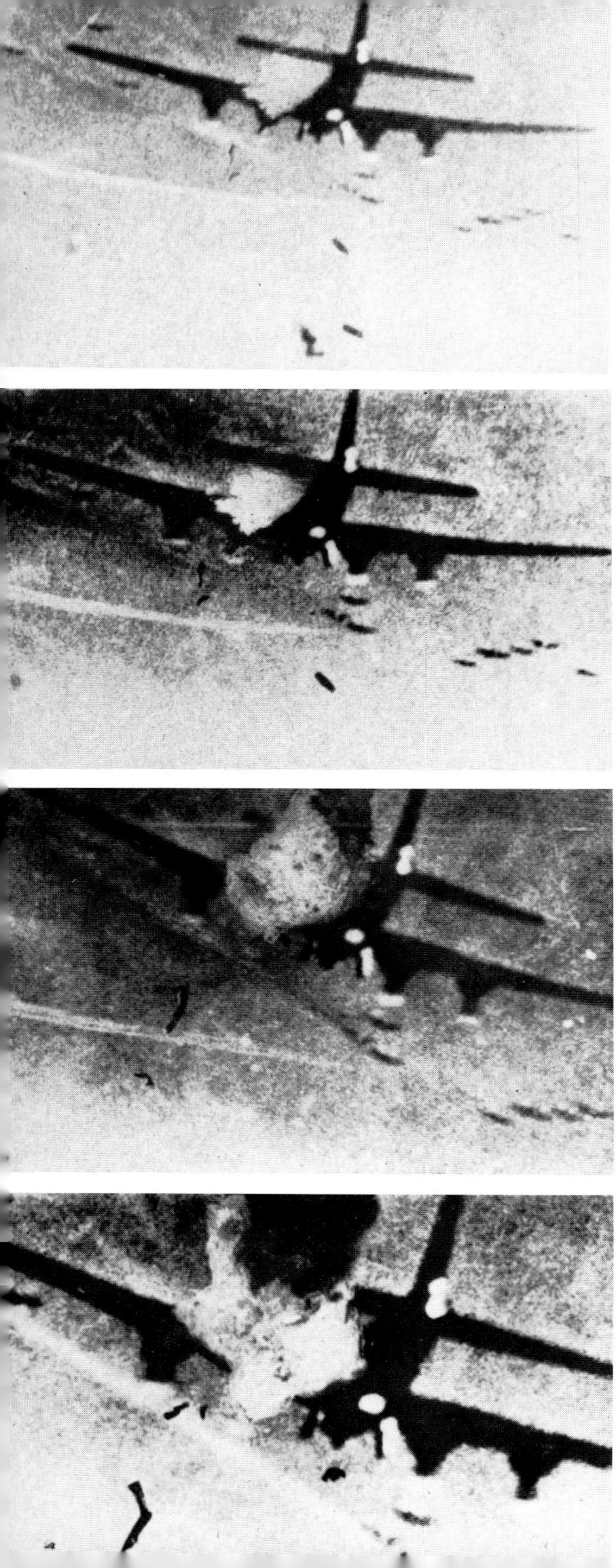

Waffenkameraaufnahmen eines deutschen Jagdfliegers. Eine B-17 zeigt Trefferwirkung und Brand des inneren Backbordmotors. Deutlich ist das Mündungsfeuer aus Boden- und Heckstand zu erkennen, ein Zeichen, daß die Besatzung sich zur Wehr setzt. Ein solches Abwehrfeuer aber ist auch manchem deutschen Jagdflieger zum tödlichen Verhängnis geworden.

Absturzstelle einer Focke-Wulf FW 190 bei Hameln. *(Heinz Meyer)*

bleibt mit seiner Bf 109 im Planquadrat 64 DO 7–9, südlich von Schneidemühl vermißt.
Tags darauf der gleiche Einsatzauftrag. An diesem Sonnabend startet der aus dem Kreis Lauenburg stammende Unteroffizier Ernst Dieckfoß mit der 11. Staffel in den Raum Scharnikau zum Angriffsflug, von dem es für ihn und seine gelbe »7« keine Rückkehr mehr gibt. Sein Staffelkamerad, Feldwebel Clemens, fällt im Geschoßhagel der gegnerischen Bodenabwehr. Am 28. Januar fliegt die Gruppe erneute Tiefangriffe in der Gegend von Scharnikau, wo inzwischen die Panzerspitzen der Roten Armee einen Durchbruch erzielen konnten. Nach diesem Einsatz bleibt der noch nicht 21jährige Obergefreite Reuther von der 10./JG 3 vermißt.
Dazu Michael Vogl: »Wegen des Vordringens der Russen gegen die Oder führten wir unsere Angriffe vorwiegend im Raum Arnswalde, Soldin, Landsberg und im Netzbruch bis in den Raum Scharnikau durch. Von einem der Einsätze kehrte ein Flugzeugführer im Mannschaftsdienstgrad nicht wieder zurück – an seinen Namen kann ich mich jedoch nicht mehr entsinnen. Keiner von uns hat einen Absturz oder einen Fallschirmansprung beobachten können.«
Die Unteroffiziere Vetter, Dieckfoß und der Obergefreite Reuther sind demnach in jenem Gebiet der Netze verschollen, in dem die flüchtenden Soldaten in der Nacht zum 29. Januar 1945 auch den toten Flugzeugführer fanden, wobei aus der Truppenmeldung für Dieckfoß zusätzlich noch zu ersehen ist, daß dieser im Planquadrat 63 EO weggeblieben sein muß, also zwischen Scharnikau und Filehne. Und soweit bekannt, liegen weitere Vermißtmeldungen für diesen Zeitraum nicht vor; auch kommt ein anderer fliegender Verband für den Einsatz im genannten Gebiet nicht in Betracht. Das JG 3 meldet erst Anfang Februar wieder Verluste, die jedoch in anderen Abschnitten der Front aufgetreten sind.
Da bis jetzt weitere Merkmale fehlen, die aussagekräftig genug wären den toten Flieger auf dem Eis der Netze zu identifizieren, wird der Gefallene – jedenfalls nach dem heutigen Stand der Ermittlungen – leider weiterhin ein Unbekannter bleiben müssen. Vielleicht aber hilft zu irgendeiner Zeit doch noch der Zufall das

Schicksal dieses Flugzeugführers der Jagdwaffe aufzuklären. Wie so viele andere, werde ich auch diesen Fall noch nicht zu den Akten legen.

Opferflug der Arado – Die Brücke von Remagen

Als am 7. März 1945 Einheiten der 9. US-Panzerdivision das linke Rheinufer bei Remagen erreichen, trauen die Soldaten der Vorhuten ihren Augen nicht: Sie finden eine noch intakte Brücke vor, die sich mit mächtigen Stahlbögen über den Strom spannt. Es ist die »Ludendorff-Brücke«, auf deren rechtsrheinischem Ufer die über den Fluß führende Bahnlinie im Tunnel der Erpeler Ley einmündet. Verständlich, daß die Amerikaner sofort mit allen Mitteln versuchen, diese Brücke in ihre Hände zu bekommen, denn sie ist wohl der einzige, noch unzerstörte Rheinübergang im gesamten Frontabschnitt.

Es braucht nicht betont zu werden, welche Bedeutung es für den weiteren Verlauf der Kampfhandlungen hat, wenn die Brücke von Remagen in gegnerischen Besitz übergeht, und beide Seiten sind sich dessen auch bewußt. Tatsächlich aber gelingt es den Amerikanern noch am selben Tag, am 7. März, die Brücke zu nehmen und die ersten Stoßtrupps auf das jenseitige Ufer abzusetzen. Die von den deutschen Verteidigern angebrachten Sprengladungen, noch im letzten Augenblick gezündet, versagen; nur eine kleine, unbedeutende Explosion hinterläßt an der Stahlkonstruktion unwesentliche Beschädigungen. Für die Amerikaner aber ist der Weg zur rechtsrheinischen Seite frei. Major Scheller, für die Verteidigung der strategisch wichtigen Brücke verantwortlich, wird von einem rasch gebildeten »Fliegenden Standgericht West« wegen der fehlgeschlagenen Sprengung zum Tode verzeurteilt und erschossen.

Die Errichtung des Brückenkopfes bei Remagen ist, wie sich herausstellen wird, eine wesentliche Voraussetzung für die Bildung des »Ruhrkessels« und schließlich zur verhältnismäßig schnell durchgeführten Besetzung des Reiches.
In den folgenden Tagen unternehmen die Deutschen verzweifelte Versuche, die Brücke doch noch zu zerstören, um den gefährlichen gegnerischen Einbruch zu stoppen. Bereits am 8. März erscheinen zehn Maschinen der Luftwaffe, greifen mit Bomben und Bordwaffen an, doch die Einsätze schlagen fehl. Nur zwei Treffer werden erzielt. Angesichts der Bedeutung der Brücke haben die Amerikaner natürlich dort sofort eine starke Flugabwehr konzentriert, während sie gleichzeitig stromabwärts mit dem Bau einer Ponton-Brücke beginnen, die der immer noch intakten »Ludendorff-Brücke« Entlastung bringen soll – denn auch der Gegner rechnet damit, daß der Übergang schließlich doch noch von Bomben getroffen wird.
Unter den Angreifern aus der Luft befindet sich die III. Gruppe des Kampfgeschwaders 76, deren Maschinen, zweistrahlige Kampfflugzeuge vom Muster Arado Ar 234 B-2, in Achmer und Rheine stationiert sind. Sie fliegen in den folgenden Tagen im Verein mit Schlacht- und Sturzkampfflugzeugen Einsatz auf Einsatz gegen die Brücke, aber die Angriffe zeigen kaum Erfolg. Die Abwehr ist zu stark. Obendrein finden sich Rudel von Feindjägern über dem Raum des gebildeten Brückenkopfes ein, die sich den anfliegenden Maschinen entgegenstellen und deren Zielanflüge praktisch vereiteln.
Am 9. März – der amerikanische Brückenkopf ist bereits fünf Kilometer tief – führt die Luftwaffe insgesamt 32 Einsätze gegen die Brücke von Remagen durch, wobei wiederum nur zwei Bomben ungenau im Ziel liegen. Den Schutz der Brücke aus der Luft hat die 9. taktische US-Luftflotte übernommen, aber die Thunderbolt der eingesetzten Fighter Groups haben wegen ungünstiger Wetterverhältnisse keine Feindberührung. Die erste deutsche Maschine taucht gegen 9 Uhr plötzlich aus dem Dunst heraus auf und setzt zum Tiefangriff an. Es ist eine Focke-Wulf, deren Bombe die Brücke jedoch verfehlt. Der Jäger zieht hoch, verschwindet rasch wieder in den Wolken und läßt die Amerikaner hinter sich.

Heute sind auch die Arado der 8. Staffel des KG 76 gegen Remagen gestartet, sie werden unter heftigen Beschuß genommen. Über den Wäldern bei Waldbreitbach, nordwestlich von Neuwied, kurvt eine stark qualmende Zweistrahlige, die zusehends an Höhe verliert. Die von Oberfeldwebel Bruchlos gesteuerte Maschine mit dem Kennzeichen F1 + AS hat offenbar einen Flaktreffer erhalten, sie läßt sich nicht mehr aufrichten, geht jetzt brennend in die Tiefe und zerschellt nahe der Gemeinde Goldscheid auf einem sumpfigen Wiesengelände im Tal des Fockenbaches. Der Flugzeugführer in der Glaskanzel ganz vorn im Bug hat keine Chance, er muß beim Aufprall sofort zerschmettert und herausgeschleudert worden sein.
Inzwischen können die Amerikaner ihren Brückenkopf weiter ausbauen, obwohl die Luftwaffe jeden Tag über dem Kampfraum in Aktion tritt. Am Morgen des 13. März jagen erneut Schlachtflugzeuge heran. Sie kommen einzeln oder rottenweise, halten im Tiefstflug auf die Brücke zu, steigen dann steil nach oben. Gegen 13.45 Uhr stoßen Lightning der 430. Fighter Squadron in etwa 1800 Meter Höhe über dem Brückenkopf auf acht Focke-Wulf. Drei davon werden im Luftkampf abgeschossen, aber auch zwei P-38 gehen verloren. Eine Viertelstunde darauf treffen amerikanische Jäger auf 15 bis 20 Bf 109, von denen fünf als abgeschossen und zwei als beschädigt gemeldet werden. Eine dieser Maschinen, die K-4 des Leutnant Heilemann von der 13./JG 53, geht nach dem Gefecht bei Idstein nieder, der Pilot fällt, während eine andere Bf 109 des gleichen Geschwaders nordwestlich von Remagen auf gegnerischer Seite notlandet.
Tags darauf versuchen zahlreiche Sturzkampfflugzeuge vom Typ Ju 87, darunter Teile der Nachtschlachtgruppen 1 und 2, die Brücke anzugreifen. Sie müssen dabei hohe Verluste erleiden. 23 Maschinen gehen auf das Konto der 36. Fighter Group, 21 werden von der 404. Fighter Group abgeschossen. Der amerikanische Luftkriegshistoriker Kenn C. Rust berichtet in seinem Werk »The 9th Air Force in World War II« (Aeropublisher, USA), aus dem einige der obenerwähnten Angaben stammen, daß zwischen dem 7. und 14. März 1945 rund 372 deutsche Flugzeuge die Brücke von Remagen angegriffen haben. Von diesen seien etwa 70 Maschinen

von Jägern vernichtet worden und weitere 80 der Bodenabwehr zum Opfer gefallen. Wer die im Frühjahr 1975 vom SDR-Fernsehen, Stuttgart, ausgestrahlte Serie über die Kämpfe im Westen und auch um Remagen vor dreißig Jahren gesehen hat, wird diese hohen Verlustzahlen kaum anzweifeln.

Deutscherseits liegen über den Einsatz der Luftwaffe gegen Remagen nur recht magere Informationen vor. Hier einige Auszüge aus den Lageberichten des Oberkommandos der Wehrmacht (KTB/OKW, dtv-Dokumente 80/81, München, 1962):

10. März: 20 Einsätze gegen die Brücke von Remagen, 3 Treffer, 5 Verluste.

11. März: Starker Einsatz, Ergebnisse liegen noch nicht vor.

12. März: 360 Jäger und Me 262 gegen Remagen. 4 Verluste, 4 Abschüsse, zahlreiche Treffer, jedoch nicht auf der Brücke. Ein Flugzeug ging auf 450 Meter hinunter und warf eine 1000-kg-Bombe, die sich auf der Brücke nicht entzündete und vom Pfeiler ins Wasser absprang.

14. März: 21 »Blitzbomber« gegen die Brücke, 6 Verluste.

15. März: 3 Einsätze gegen die Brücke.

18. März: 5 »Blitzbomber« gegen die Brücke.

Am selben Tag schließlich gibt die durch die vorangegangenen Angriffe beschädigte und erschütterte Stahlkonstruktion nach – die »Ludendorff-Brücke« stürzt ein. Zu diesem Zeitpunkt aber haben die Amerikaner ihre Position auf dem rechten Rheinufer gefestigt. Weiter im Süden wird zur gleichen Zeit durch das XIII. US-Korps Koblenz eingenommen.

*

Nahezu dreißig Jahre danach durchstreift Hans Bröker, der mit seiner Familie das Fockenbachtal im westlichen Westerwald zum Ziel eines sommerlichen Ausfluges gemacht hatte, die Uferböschungen. Er entdeckt plötzlich ein Stück Metall, welches sofort sein Interesse weckt. Denn ihm als langjährigen Flugzeugmodellbauer scheint es klar, daß es sich hier um das Teil eines Flugzeuges handeln muß. Nach einem Bericht über unsere Bergung in Reich bei Simmern in der Rhein-Zeitung erfährt der in Neuwied wohnende Bröker von der Redaktion meine Anschrift und setzt sich sogleich mit mir in Verbindung. Da sich Wrackteile per Telefon oder Brief nur ungenau beschreiben lassen, machen wir einen Termin aus, damit ich die aufgefundenen Stücke selbst in Augenschein nehmen kann. In fast allen Fällen ist es mir bisher gelungen, aus solchen Fragmenten auf den Flugzeugtyp schließen zu können. Nun, als Hans Bröker mir am 1. April 1975 das betreffende Blech und ein Gußteil zeigt, bin ich zunächst denn doch ratlos: Ein solches Teil habe ich seither noch nicht gesehen. Allerdings, die hellblaue Farbe auf der einen Seite des Aluminiumbleches sowie ein schwarzer, gerader Streifen vom Balkenkreuz lassen keinen Zweifel offen, daß es eine Maschine der Luftwaffe gewesen ist.

»Lassen Sie mir einen Tag Zeit«, wende ich mich an Bröker, »dann werde ich die Teile sicherlich zugeordnet haben können.« Gleichzeitig verabreden wir, daß wir uns an einem der kommenden Wochenenden die Fundstelle gemeinsam ansehen und mit dem Metalldetektor absuchen wollen.

Noch am selben Abend beginne ich mit der Reinigung des mir unbekannten Gußteiles, auf dem sich zwei mit vielen Stiftschrauben verschlossene Decken befinden. Eine Zahlengruppe kommt deutlich zum Vorschein: 190-004.240-004. Ich bin mehr als überrascht, denn was ich hier in der Hand halte, gehört mit Sicherheit zu einer Junkers-Turbine Jumo-004! Ein seltener Fund also. Bei dem Teil, so kann ich dann später anhand vorhandener Unterlagen feststellen, handelt es sich um die Ölpumpe in der Unterseite des Stirngehäuses des Jumo-Triebwerkes. Und nachdem ich diese Erkenntnis gewonnen habe, taucht natürlich die Frage nach dem Maschinentyp auf. Ist das abgestürzte Flugzeug eine Me 262 oder eine Arado Ar 234 gewesen? Beide waren mit je einer 004-Turbine unter den Tragflächen ausgerüstet. Die Absturzstelle liegt Luftlinie rund 15 Kilometer von der Remagen-Brücke entfernt, und beide Flugzeugmuster waren bei Angriffen gegen diese Brücke beteiligt. Ich bin deshalb davon überzeugt, daß die Turbine zu einer der gegen Remagen eingesetzten Maschinen gehörte.

Als nächstes unterziehe ich das Blechteil mit der blauen Farbe einer

eingehenden Untersuchung. Hier sind zwei Rundungen zu erkennen, wobei auf der einen noch der abgerissene Rest einer Abdeckplatte angeschraubt ist. Vergleiche mit Plänen und Fotos der Me 262 und Ar 234 ergeben, daß das Blechteil von der rechten oder linken Tragflächenunterseite einer Arado stammt, und zwar von der Stelle, an der sich das Hoheitszeichen in Form von schwarzen Balken befunden hat. Genau dort saßen zwei der vielen Wartungsklappen. Damit wäre der Maschinentyp geklärt.
Bei Niederbreitbach treffe ich mich am 26. April 1975 mit Hans Bröker und den von ihm benachrichtigten Herren Michaelis und Goebel von der Rhein-Zeitung, um gemeinsam in das Fockenbachtal zu fahren. Es ist ein neblig-trüber Tag, der schon gleich am Morgen mit Nieselregen begonnen hatte. Bröker führt uns an die Stellen, an denen er die Trümmerstücke gefunden hat, und ich suche daraufhin die nächste Umgebung mit dem Detektor ab. Kleinteile überall. Auf der rechts vom Bach sich ausbreitenden Wiese häufen sich die Ausschläge dann immer mehr, aber auch hier nur kleinere Metallstücke, nichts spezifisches. Auf dem gegenüberliegenden Hang finden wir im Geröll Stücke eines Bordinstrumentes für die Zielhöheneinstellung. Dieses Gerät befand sich zusammen mit dem Kontakthöhenmesser in der Kanzel der Arado 234 links neben dem Piloten auf einer Konsole. Das aufgefundene Gerät ist auf 450 Meter eingestellt.
»Wenn ich mir die Skala mit der hier sichtbaren Einstellung betrachte, erinnert mich das unwillkürlich an den Lagebericht des OKW vom 12. März 1945, in dem ja von einem bis auf 450 heruntergegangenen Flugzeug berichtet wird«, wende ich mich an meine Begleiter. Dem Leser gegenüber muß ich dazu erwähnen, daß ich in den letzten Wochen natürlich alle erreichbaren Angaben über den Einsatz der Ar 234 studiert hatte.
Eine zufällig übereinstimmende Angabe? »Demnach könnte sich die hier abgestürzte Arado ebenfalls im Anflug auf die Remagen-Brücke befunden haben.«
Hans Bröker hatte zudem bei seinem Besuch bei mir die Aussagen von zwei Augenzeugen des Absturzes erwähnt, wonach man damals einige Überreste des Piloten gefunden hätte sowie auch den noch gepackten Fallschirm, den einige Goldscheider Einwohner

wegen der Seide mitnahmen. Auch sei ein Stiefel mit Zehen und ein Stück von der Kopfhaut entdeckt worden. Der ganze Vorgang aber wurde nie gemeldet; keiner offiziellen Behörde ist jemals etwas von diesem Absturz oder den gemachten Funden bekannt geworden. Das bedeutet aber, daß der Flugzeugführer der Arado noch immer als vermißt gelten muß!

In meinen Unterlagen über die Verluste fliegender Verbände, die mit der Ar 234 ausgerüstet waren, speziell die der III. Gruppe des Kampfgeschwaders 76, ist nur ein einziger Pilot als vermißt gemeldet, und auch die Deutsche Dienststelle in Berlin hat bei den verhältnismäßig wenigen Einsatzverlusten, die mit der Arado aufgetreten sind, nur einen einzigen Suchfall verzeichnet: Den Oberfeldwebel Friedrich Bruchlos, dessen F1 + AS am 9. März 1945 seit einem Einsatz gegen Remagen verschollen blieb.

»Wie können wir hier nun weiter vorgehen?« werde ich gefragt. Eine Bergung hat angesichts der so weit auseinanderliegenden Flugzeugteile und -trümmer im Augenblick wohl keinen Sinn, überlege ich und mache deshalb folgenden Vorschlag: »Da Sie näher am Ort sind als ich«, und damit wende ich mich hauptsächlich an die beiden Herren von der Rhein-Zeitung, »wäre es vorteilhaft, wenn Sie die Augenzeugen oder noch andere Personen, die eventuell von dem Absturz wissen, aufsuchen und intensiver über den Hergang befragen könnten. Am besten wäre es, wenn die betreffenden Personen hierher kämen, um die damaligen Fundstellen exakt zu lokalisieren und zu markieren. Im Anschluß daran müßten wir nochmals das Gelände gezielter absuchen.«

Schon Anfang Mai kann mir Eckhard Michaelis ein erstes Ergebnis mitteilen. Die Augenzeugen Peter Wittlich aus Hochscheid und Willi Glöckner aus Goldscheid haben ihre Aussagen auf eine Tonbandkassette gesprochen, die mir die Redaktion dann zur Auswertung zur Verfügung stellt. Beide Männer sind die ersten an der Absturzstelle gewesen, aber sie können sich nicht mehr an den genauen Tag erinnern, wohl aber daran, daß es Anfang März 1945 und kurz nach dem Rheinübergang der Amerikaner bei Remagen gewesen war. Nach Wittlichs Angaben ging das »zweimotorige« Flugzeug (die zweistrahlige Ar 234 war zu diesem Zeitpunkt dem größten Teil der Bevölkerung ein unbekanntes Flugzeugmuster, so daß es deshalb sicherlich als eine zweimotorige Maschine angesehen wurde) brennend nieder. Der Aufschlag auf der Wiese erfolgte etwa gegen 15 Uhr. Die wohl wichtigste Information aber ist die Tatsache, daß die Augenzeugen neben Leder-, Stiefel- und Uniformfetzen auch eine Schulterklappe mit zwei Sternen darauf gefunden haben. Es war keine Offiziersklappe, wie beide betonen.

An dieser Stelle unterbreche ich das Tonband. Diese letzte Aussage muß ich mir bestätigen lassen, und zwar in Form einer eidesstattlichen Erklärung. Denn die Schulterklappe mit zwei Sternen könnte ohne weiteres die eines Oberfeldwebels sein. Und Friedrich Bruchlos war Oberfeldwebel.

»Die Maschine qualmte bereits«, höre ich auf dem Tonband weiter. »Sie kam über eine bewaldete Bergkuppe aus ungefährer Richtung Osten und stürzte dann plötzlich ab.« Ein weiterer Zeuge des Absturzes, Herr Müller, sagt aus, daß auf der Wiese neben dem Bach ein mehrere Meter tiefer Krater entstanden ist, in den man später umherliegende Trümmer hineinwarf, bevor das Loch im Laufe der Zeit nach und nach mit Erde, Schutt und Abfällen zugeschüttet wurde.

Michaelis hat unterdessen in der Neuwieder Ausgabe der Rhein-Zeitung einen Bericht zu diesem Absturzereignis veröffentlicht in der Hoffnung, daß sich noch andere Personen melden, die konkrete Aussagen machen und eventuell auch den genauen Tag des Absturzes, den 9. März 1945, bestätigen können. »Dreißig Jahre danach«, so schreibt Michaelis, »ist vieles verweht und vergessen, was zur Klärung eines Gefallenenschicksals beitragen könnte. Trotzdem sind die Chancen, dem Soldaten im Fockenbachtal seine Identität wiederzugeben, nicht gleich Null.«

Seit jenen Maitagen versuche ich in Zusammenarbeit mit der Deutschen Dienststelle in Berlin aufgrund der Indizien, die meine Auswertungen in bezug auf den Absturz der Arado erbracht haben, den Vermißtenfall Oberfeldwebel Bruchlos klären und abschließen zu können.

Im Sommer fasse ich dann doch den Entschluß, unabhängig von den behördlichen Recherchen, die ja einige Zeit in Anspruch nehmen müssen, eine Bergung der Arado zu versuchen. Ich teile dies

Herrn Michaelis mit, da er seinerzeit erwähnte, daß einer Grabung nach dem betreffenden Flugzeug kaum Schwierigkeiten gegenüberständen und daß eine solche Aktion auch die Zustimmung des Landrats Josef Oster sowie auch der Grundstückseigner finden würde. »Mir geht es darum«, erkläre ich ihm, »eventuell etwas zu finden, was einen zusätzlichen Beweis erbringen kann.«

Eckhard Michaelis gelingt es, durch Kontaktaufnahme mit entsprechenden kommunalen Behörden innerhalb verhältnismäßig kurzer Zeit die Voraussetzungen zu schaffen, um die Bergung Wirklichkeit werden zu lassen. Er und sein Kollege Goebel haben hierbei wahrlich wundervolle Vorarbeit geleistet, für die sie einen besonderen Dank verdienen.

Am Sonnabend, dem 18. Oktober 1975 ist es soweit. Wir treffen uns gegen acht Uhr an der Wiedbrücke in Hausen, unweit von Niederbreitbach. Von dort aus führt der Weg in das Fockenbachtal, auch an dessen Hängen zu beiden Seiten sich der Wald gerade besonders bemüht, das bunte Herbstkleid anzulegen. Es regnet wieder einmal, aber das bin ich von vorangegangenen Ausgrabungen her gewohnt.

Der Bagger, den der Bauunternehmer Johann Frings unentgeltlich zur Verfügung gestellt hat sowie die Männer der Neuwieder Reservistenkameradschaft, für die das kommende Unternehmen als regulärer Einsatz angesetzt worden war, sind noch nicht eingetroffen, und so bleibt noch etwas Zeit, die Aufschlagstelle nochmals zu lokalisieren. Als später das inzwischen herangerollte schwere Kettenräumfahrzeug dann den Erdboden auszuheben beginnt, stellen wir fest, daß wir die Stelle haargenau getroffen haben.

Was an ersten Wrackteilen im weichen Untergrund zu erkennen ist, gehörte zu einer der beiden Turbinen der abgestürzten Arado. Blankes, öliges Metall, von dem man aufgrund des Aussehens fast nicht glauben kann, daß es 30 Jahre lang in der Erde gesteckt hat. Teile der Triebwerksabdeckungen, Versorgungsleitungen, Verstrebungsbleche und ein Stück vom schmalen Seitenruder kommen zum Vorschein. Und dann, als größtes Stück bisher, der nahezu vollständige Verdichter mit der Verbindungswelle zur Turbine. Zwischendurch gehe ich immer wieder zu den gesammelten Trüm-

mern hinüber, weil ich hoffe, gerade von dieser Maschine etwas Spezifisches entdecken zu können, vielleicht sogar einen Rest von der Werknummer. Leider ist nicht bekannt, was an Teilen der Arado schon damals gefunden worden war, denn einige Trümmer müssen mit Sicherheit nach dem Absturz obenauf gelegen haben.
Nachdem man ein Fahrwerkbein und Stücke des mächtigen Reifens eines Laufrades aus dem immer größer werdenden Loch herausgeholt hat, richtet sich mein Augenmerk auf ein etwa ein Meter langes und kaum verbogenes Blech, welches der Baggerlöffel soeben freigibt. Da ich Reste von Sichtschutzlack darauf erkenne, trage ich das Blech zum nahen Bach, um es von dem anhaftenden schmierigen Boden vorsichtig zu säubern. Nach dieser Prozedur ist ganz deutlich zu lesen: »F 1« – etwa 20 Zentimeter hoch, zwei Zentimeter breit. Was ich hier in den Händen halte, ist eindeutig die Geschwaderbezeichnung des KG 76, dessen Maschinen vor dem Balkenkreuz am Rumpf in dieser Größe die Buchstaben/Zahlen-Kombination F 1 getragen haben. Damit wäre nun der Beweis vorhanden, daß die hier abgestürzte Arado 234 tatsächlich dem Kampfgeschwader 76 angehörte, dessen III. Gruppe mit diesem Flugzeugmuster zum Einsatz gelangte und als einziger Arado-Verband die Brücke von Remagen angegriffen hatte.
Unterdessen sind auch die Teile des zweiten Jumo-Triebwerkes geborgen worden, ferner große Fetzen der Treibstofftanks, etliche Geräte wie Druckverteiler, Steuergestänge. Jedoch läßt sich nichts aus dem Bereich der Kanzel auffinden. Diese muß, wie schon die Augenzeugen berichteten, mit dem unglücklichen Flugzeugführer vollkommen zerschmettert und beim Aufprall weit verstreut worden sein. Der Fallschirm des Piloten lag damals auf dem von der jetzigen Bergungsstelle etwa 30 Meter weit entfernten Waldweg.
Haben wir auch vom Flugzeugführer selbst keine weiteren Spuren entdecken können, so sind der Geschwadercode am Rumpfblech der Arado und die von den Augenzeugen am Absturztag gefundenen Gegenstände, darunter die Schulterklappe eines Oberfeldwebels, eindeutiger Beweis für seine Identität, denn von der III./KG 76 liegt – wie vorher schon geschildert – nur ein einziger Suchfall vor.
Zum Abschluß sei noch erwähnt, daß die Deutsche Dienststelle inzwischen die amtliche Beurkundung des Sterbefalls hat veranlassen

können: Den Fall des am 9. März 1945 im Fockenbachtal ums Leben gekommenen Oberfeldwebels Friedrich Bruchlos aus Berlin.

Das Grab in Berwang

Wer nach Berwang will, muß die Hauptstraße Lermoos-Reutte bei Bichlbach verlassen und von da ab ein Stück den Weg am Talbach entlangfahren, um nach etwa vier Kilometer das Ziel zu erreichen. Berwang, von einigen Zweitausendern umgeben, liegt selbst 1336 Meter über dem Meeresspiegel und ist sowohl als idealer, ruhiger Höhenluftkurort als auch Wintersportgebiet, abseits des Hauptverkehrs, bekannt. Und gerade die Gemeinde Berwang ist es, die mit einem tragischen Kriegsereignis in Verbindung gebracht werden soll. Wenn man von den unzähligen an- und abfliegenden Bomberverbänden absieht, so blieben die Bergdörfer jenes Gebietes von den Geschehnissen des Luftkrieges nahezu unberührt – bis zum 3. August 1944.

Nicht wenigen Lesern, so glaube ich, sind die in meinem ersten Buch zu findenden ausführlichen Aufzeichnungen von dem großen Luftgefecht über den Lechthaler Alpen an diesem 3. August in Erinnerung. So habe ich im gleichen Bericht das Grab eines noch unbekannten Jagdfliegers in der kleinen Berggemeinde Berwang bei Reutte in Österreich erwähnt. Seitdem bin ich immer wieder bemüht gewesen, die drei noch ungeklärten Vermißtenfälle des gesagten Augusteinsatzes aufzuhellen, insbesondere aber das Rätsel um die Grabstätte hinter der Kirche von Berwang zu lüften. Doch auch andere, durch meine Schilderungen inspirierte Personen haben, wie es sich herausstellte, den Versuch unternommen, eine Klärung dieses Falles herbeizuführen. Jetzt, im Sommer 1975, also nach fast genau 31 Jahren, hat sich ein positives Ergebnis abzuzeichnen begonnen: Das ehemalige Grab von Berwang wird nun einen Namen bekommen. Ehemalig deshalb, weil die seinerzeit in verschiedenen Gemeinden bestatteten Kriegstoten zum Teil zwischenzeitlich durch das Schwarze Kreuz* nach Innsbruck umgebettet wurden. Und somit soll sich auch das Grab des unbekannten Fliegers von Berwang nunmehr auf dem Heldenfriedhof der Tiroler Landeshauptstadt befinden.

Für jene Leser, welche die Zusammenhänge noch nicht kennen, sei hier noch einmal eine kurze Rückblende und Wiedergabe der damaligen Ereignisse erlaubt. Am Vormittag des 3. August 1944 führt die aus dem italienischen Raum anfliegende 15. US-Luftflotte Angriffe gegen Friedrichshafen und gegen Ziele in Innsbruck durch, wobei die Liberator-Formationen dann auf dem Rückflug von der IV. Sturmgruppe des JG 3 »Udet« über den Lechtaler Alpen zwischen Reutte und Lermoos zum Kampf gestellt werden. Die Gruppe erzielt einige Abschüsse, darunter eine B-24 durch Leutnant Hagenah (10./JG 3) und zwei B-24 durch Feldwebel Unger (12./JG 3), aber sie selbst büßt dabei acht Maschinen ein. Von vier Flugzeugführern ist der Verbleib zunächst ungewiß. Den einen, Unteroffizier Zimkeit aus Ostpreußen, findet man fast ein Jahr darauf in der »Weißen Wand« bei Ehenbichl/Reutte. Leutnant Pissot fällt bei Lermoos, Unteroffizier Küttner springt über dem Kohlberg bei Lermoos verwundet mit dem Fallschirm ab, während Unteroffizier Peters bei Elmen am Lech, südlich von Reutte, tödlich abgeschossen wird. So fehlen noch je ein Flugzeugführer der 10., 11. und 12. Staffel.

Eine weitere Focke-Wulf ist an einem Hang bei Berwang in den Boden geschlagen; vom Piloten findet man nicht sehr viel, und diese wenigen Überreste birgt seitdem das Grab, welches von da ab die Tafel mit der Inschrift »Unbekannter Flieger« trägt. Der damals einen Schwarm der 12. Staffel in den Einsatz führende und nach seinem Abschuß an jenem 3. August unverwundet über dem Knittelkar abgesprungene Feldwebel Unger vermutet in diesem Grab immer wieder seinen vom gleichen Gefecht nicht zurückge-

* Das Schwarze Kreuz in Österreich ist gleichbedeutend mit unserem Volksbund Deutsche Kriegsgräberfürsorge.

kehrten Staffelkameraden, Unteroffizier Hans-Joachim Scholz, aber erst seit dem Brief, den ich von Herrn Schenk aus Steindorf im August 1974 erhalte, wissen wir, daß Unteroffizier Scholz oberhalb von Obsteig in der Nähe von Nassereith abgestürzt ist. An der Stelle, an der er den Tod fand, steht ein gepflegtes Holzkreuz mit seinem Namen und dem Geburtsdatum. Und auf diese Gedenkstätte stieß Heinrich Schenk jr. in seinem Urlaub in Tirol. Wer aber ist nun der Unbekannte in dem Grab von Berwang? Nur zwei Piloten kommen dafür noch in Frage: Unteroffizier Harald Ottovordemgentschenfelde, 10./JG 3, und Feldwebel Karlheinz Schmidt, 11./JG 3.

Fast ein Jahr darauf, eines Abends Anfang 1975, erhalte ich einen Anruf: »Hier Jakob Sprenger aus Berwang. Ich unternehme aufgrund des in Ihrem Buch geschilderten Falles und Ihrer Besuche hier seit einigen Tagen den Versuch, die Absturzstelle am Waldhang bei Berwang zu räumen. Dabei bin ich auf viele Teile der Maschine, eine Focke-Wulf, gestoßen und habe auch etliches gefunden, was zu den persönlichen Gegenständen des Piloten gehörte. Deshalb rufe ich an, damit Sie die Informationen gleich auswerten können!«
Zunächst bin ich sprachlos, denn immer wieder sagte man mir, daß das Gelände dort zu unwegsam sei, um eine Bergung mit Gerät durchführen zu können. Jakob Sprenger, Inhaber des Gasthofes »Edelweiß« in Berwang, hat es dennoch versucht – und das offensichtlich mit einigem Erfolg.
Nun aber interessieren mich die Einzelheiten, denn es geht ja um das Bemühen, endlich den Namen des Flugzeugführers in Erfahrung zu bringen und somit ein Vermißtenschicksal aufzuklären. So frage ich zurück: »Haben Sie eventuell die Erkennungsmarke entdeckt oder andere Dinge, die einer Identifizierung dienlich sein könnten?«
»Unter den Trümmern fand ich die Schulterklappe eines Unteroffiziers sowie eine Geldbörse mit einer Adresse aus Köln darin!«
Rasch notiere ich mir die von Sprenger angegebene Anschrift: Lydia Klefisch, Köln, und dann die Straße. Der Name, so sehe ich gleich, deckt sich mit keinem der am 3. August 1944 vermißten Pi-

loten, doch ich nehme an, daß diese Frau dann zumindest den noch gesuchten Flieger gekannt haben muß.
»Schalten Sie die entsprechenden Behörden ein und halten Sie mich bitte auf dem laufenden, falls Sie weitere wichtige Gegenstände auffinden sollten«, sage ich zu Herrn Sprenger. »Ich werde umgehend versuchen, der Kölner Anschrift nachzugehen und die erwähnte Person ausfindig zu machen.«
Wenn auch nicht unbedingt als sicher anzunehmen, so ist es immerhin möglich, daß Frau Klefisch noch lebt und auch noch in Köln wohnt. Oder hatte sich vielleicht durch Heirat längst ihr Name geändert? Das alles geht mir anschließend durch den Kopf. Nun, wir werden ja sehen, überlege ich. Mein Schreiben an das Einwohnermeldeamt kommt einige Tage später wieder zurück mit dem Vermerk, daß tatsächlich eine Frau Lydia Klefisch zuletzt in Köln-Weidenpesch wohnhaft gewesen, seit Mai dieses Jahres jedoch nach Italien verzogen ist. So ein Pech! Über 30 Jahre lang lebte sie in Köln und ausgerechnet vor drei Monaten hat sie Deutschland verlassen. Es wird wohl eine Zeitlang dauern, bis ich Frau Klefisch im Süden erreiche, zumal die mir mitgeteilte Anschrift unvollständig ist. Noch einen weiteren Schritt aber will ich vorher noch tun. Ich setze mich mit dem Versorgungsamt in Köln in Verbindung und verlange nach Herrn Dr. Schütze, der, ehemaliger Jagdflieger, mir seinerzeit im Fall Bergisch Gladbach bereits wertvolle Hilfestellung gegeben hatte. Heute bitte ich ihn, doch die exakte neue Anschrift von Frau Klefisch über die Meldestellen in Erfahrung zu bringen und erkläre ihm, wie wichtig ihre Aussage wäre: »Falls ich diese Frau erreiche, so kann sie mir sicherlich den Namen jenes Jagdfliegers nennen, mit dem sie einmal bekannt gewesen war, so hoffe ich. Der Name müßte dann mit einem der beiden noch vermißten Jagdflieger des 3. August 1944 identisch sein.«
Ohne Einschränkungen ist Dr. Schütze sofort bereit zu helfen. Zuerst, so macht er den Vorschlag, wolle er die alte Wohnung aufsuchen, um bei den Leuten dort eventuell noch etwas Näheres über des jetzigen Aufenthalt der Frau Klefisch zu erfahren. »Das ist für mich eine ganz selbstverständliche Sache«, meint er, »und ich rufe Sie gleich wieder an, wenn ich irgendwelche Informationen erhalte.«

Unterdessen hat sich auch Jakob Sprenger noch einmal gemeldet. Er konnte einige weitere Dinge sicherstellen, die unter Umständen auf die Identität des Gefallenen hinweisen könnten. Da ich im Laufe der Jahre so meine Erfahrungen in dieser Richtung gesammelt habe, schlage ich ihm vor, daß er mir die persönlichen Gegenstände zuschickt, damit ich sie der Deutschen Dienststelle in Berlin als zuständiger Institution übergeben kann, bevor diese möglicherweise in unrechte Hände gelangen.

Als ich ein paar Tage darauf die Sachen eingehend untersuche, finde ich ein Zettelfragment, auf dem ich nach dem Auseinanderfalten und vorsichtigen Glätten etwa zwanzig Namen entdecke. Ausnahmslos Namen von Flugzeugführern der 10. Staffel/JG 3, fein säuberlich mit der Schreibmaschine getippt. Von ihnen kenne ich zwei persönlich; sie wohnen heute im Frankfurter Raum. Auch der Name des noch vermißten Piloten von der 10./JG 3, Uffz. Harald Ottovordemgentschenfelde, ist in dieser Zusammenstellung vermerkt. Ein äußerst interessanter und vielleicht sehr wichtiger Fund! Der Flieger von Berwang, an dessen Absturzstelle man diese Aufzeichnung fand, muß also ohne Zweifel der 10. Staffel angehört haben, und somit käme eben nur der obenerwähnte Unteroffizier, von dem man auch die Schulterklappe barg, in Betracht. Die restlichen Funde, darunter verschiedene Banknoten, Teile von Lebensmittelkarten und -marken, sagen nichts weiter über die Person des Fliegers aus.

Der Anruf von Dr. Schütze erfolgt prompt: »Wir haben unwahrscheinliches Glück«, meint er. »Wie ich erfahren konnte, kommt Frau Klefisch am 24. August wegen Regelung irgendwelcher Angelegenheiten noch einmal nach Köln zurück. Sie ist ab da telefonisch zu erreichen unter ...« Dr. Schütze bittet mich, daß ich ihn umgehend wieder anrufen möge, falls irgendetwas nicht klappen sollte, damit er selbst dann noch einmal nachhaken könnte.

»Geht in Ordnung«, erwidere ich. Und an dieser Stelle muß ich Dr. Schütze nochmals großen Dank sagen für seine spontane Unterstützung.

Es ist schon ein eigenartiges Gefühl, wenn man vielleicht ganz dicht vor der Klärung eines Falles steht und weiß, daß man nur noch eine einzige Möglichkeit besitzt, den Namen des Vermißten zu erfahren, und daß es sich in wenigen Tagen nun herausstellen wird, ob diese letzte Chance auch mit einem befriedigenden Ergebnis gekoppelt sein wird. Es wird wohl jeder verstehen, daß ich kaum noch Schlaf gefunden habe, weil mich gerade auch dieser spezielle Fall schon seit so vielen Jahren beschäftigt. Was wird jetzt die Aussage von Frau Klefisch erbringen? Kann sie sich noch an die Bekanntschaft vor über 30 Jahren erinnern, oder muß der Fall Berwang weiterhin ungelöst bleiben?

Am Sonntag, dem 25. August, endlich habe ich die Gesuchte nach mehrmaligem Versuch am Telefon. Man hatte sie schon in groben Zügen darauf vorbereitet, daß es sich um einen Suchfall handelt. »Wie kann ich Ihnen helfen?« fragt sie mit unverkennbarem rheinländischem Tonfall.

Ich erkläre ihr, daß auf österreichischem Gebiet eine Jagdmaschine der Luftwaffe mit Piloten aufgefunden worden ist, in dessen Geldbörse ein verblichener Zettel mit ihrer Anschrift steckte. »Ich hoffe deshalb«, so fahre ich fort, »daß Sie mir bestätigen können, ob Sie im Sommer 1944 mit einem deutschen Jagdflieger bekannt waren.«

Am anderen Ende der Leitung entsteht eine Pause, dann aber höre ich die Antwort: »Ich habe nur einen einzigen Jagdflieger jemals kennengelernt – damals in der Bahn in Süddeutschland war es. Aber ich kann Ihnen nur noch den Vornamen sagen: Er hieß Harald, und dann kam ein ganz langer Nachname mit ›von‹ oder so ähnlich darin. Später erhielt ich von einem Luftwaffenoffizier die Mitteilung, daß Harald gleich Anfang August 1944 von einem Feindflug nicht zurückgekommen ist.«

Mit Harald kann Frau Klefisch eigentlich nur den Unteroffizier Harald Ottovordemgentschenfelde meinen, jenen Flieger mit dem ungewöhnlich langen Nachnamen. Und Anfang August 1944 sagte sie. Unteroffizier Ottovordemgentschenfelde ist am 3. August 1944 gefallen.

Ohnehin sind ein paar Tage Herbsturlaub geplant – was liegt also näher, als die Marschroute nach Berwang festzulegen, einen Weg, den wir nun zum fünften Male zurücklegen werden. Mit Jakob Sprenger vereinbare ich, daß unsere ganze Familie in etwa vier Wochen in Berwang eintreffen wird. »Das ist gut«, antwortet er.

»Wir halten dann mit der restlichen Bergung inne, um sie mit Ihnen gemeinsam zu Ende zu führen. Entsprechend werde ich unsere Gendamerie informieren.«

*

Donnerstag, 25. September 1975. Ein Bilderbuchwetter! Wolkenloser Himmel wölbt sich über das Berwanger Tal. Wir sind gestern hier angekommen und haben im Gschwendhof, im Besitz von Sprengers Schwager, Herbert Weißenbacher, eine herrliche und ruhige Unterkunft gefunden. Und gleich in der Frühe des heutigen Sonnentages brechen wir auf. Die Absturzstelle liegt etwa zehn Minuten vom Ort entfernt an einem Steilhang des Hönig. »Unser braver Baggerführer Eisenmann ist mit seinem Gefährt schon unterwegs; er wird rund drei Stunden brauchen, den Hang hinaufzukommen«, erläutert Weißenbacher.
Der 2053 Meter hohe Hönig ist nun dem jungen Luftwaffenpiloten zum Schicksal geworden. Man erzählte mir am Vorabend, wie sich Sprengers Vater damals als einer der ersten an die Absturzstelle begeben hatte. Den Aussagen nach kam die Maschine brennend über den Kamm geflogen, nachdem kurz vorher von der anderen Seite des Berges Maschinengewehrgeknatter zu hören gewesen war. Plötzlich ging das Flugzeug nach vorn über, die Flugbahn ähnelte einem Abwärtslooping – und in Rückenlage bohrte sich dann die Focke-Wulf mit einer fürchterlichen Explosion in den Hang.
Wir sind zu viert: Jakob Sprenger, Herbert Weißenbacher, ein weiterer Einwohner des Ortes namens Wolfgang Sprenger und ich. Als wir die etwa 30 Meter breite, von Fichten gesäumte Bergschneise erreichen, erblicken wir auch den Bagger, der sich aber noch weit unten auf verhältnismäßig ebenem Wiesengrund bewegt. Hierzu ist noch eine Erläuterung notwendig. Um es vorweg zu sagen: Mit einem Gerät herkömmlicher Bauart wäre eine Bergung am Hang nie möglich gewesen und es hätte sich, wie mir die Berwanger versicherten, auch kein Unternehmen bereitgefunden, eine solche Ausgrabung dort oben durchzuführen. Dazu muß man sich vorstellen, daß allein vom Fußweg bis zur Absturzstelle etwa 100

Meter steil hinaufführen und daß die Steigung schätzungsweise mitunter rund 30 Grad beträgt. Paul Eisenmann, der Baggerführer aus Berwang, selbst Idealist und wie seine Mitbürger an der Klärung des Fliegerschicksals sehr interessiert, war sofort bereit, als es um den Versuch ging, mit einem Räumgerät den Hang zu erklimmen. Nun besitzt Eisenmann einen kleinen Löffelbagger, der sich vorn mit zwei Auslegern in den Boden festkrallen und sich mit den Rädern der Hinterachse vorwärtsschieben kann. Und nur so ist es überhaupt möglich, die Steigung bis zur Absturzstelle zu überwinden. Es hat den guten Eisenmann viel Zeit, Schweiß und Mühe gekostet, doch er schaffte es. Seine hervorragende Hilfestellung hat sich in jedem Fall gelohnt.

Unterdessen untersuche ich die schon gefundenen Wrackteile. Viel ist es nicht, denn die Maschine muß zum großen Teil noch im Boden stecken. Aber das, was bereits zutage gefördert worden war, sind die üblichen, stark zerfetzten und deformierten Trümmer. Neben einer zerbeulten und gestauchten Bodenabdeckung liegt ein Reifen des Laufrades. 700 × 175 steht darauf, also der Reifen einer Focke-Wulf. Links davon ziehen wir unter den Blechstücken eine fast noch als gut erhalten zu bezeichnende Spreizklappe von der Tragflächenunterseite der FW 190 hervor. Sie weist vier Einschußlöcher auf, die vom Kaliber her gesehen von amerikanischen 0.5-Inch-Bordgeschossen (12,7 mm) herrühren müssen. Weiter entdecke ich den hinteren Teil der Schiebehaube sowie auch die Absprengvorrichtung für diese Haube. Eigenartig, die Druckpatrone im Innenrohr ist vom Schlagbolzen, der sich im Verschlußstück befindet, gekörnt worden. Hatte der Flugzeugführer in letzter Sekunde vielleicht die Haube noch abzuwerfen versucht oder ist der Mechanismus durch den Aufschlag und die Explosion der Maschine ausgelöst worden?

Endlich hat auch der Bagger unseren Standort erreicht, und Eisenmann nimmt umgehend die Arbeit auf. Schon nach wenigen Minuten kommen erneut Wrackteile der Maschine zum Vorschein, und in einem der nächsten Aushübe, die der Bagger vorsichtig nebeneinander setzt, befinden sich nun auch Überreste des Piloten, von dem es ja am Absturztag nur eine Hand und ein paar Haut- und Knochenteile zu bergen gelang. Die jetzt gefundenen Über-

reste sammeln wir in einer Eichenholzkiste des Schwarzen Kreuz, welche die inzwischen aus Bichlbach eingetroffenen beiden Gendamerieleute mitgebracht hatten. In den ebenfalls nur in kleinen Fetzen vorhandenen Uniformteilen läßt sich nichts mehr finden, was zusätzliche Auskunft über die Person des Gefallenen hätte geben können.
Als am frühen Nachmittag der von Gestein durchsetzte, Öl- und Treibstoffdunst verbreitende schwere Lehmboden in vier Meter Tiefe dann ausschließlich Motorteile freigibt, stellen wir die Bergung ein. Die neben dem gegrabenen Loch aufgetürmten Trümmer bieten einen traurigen Anblick, und obwohl ich bei jedem Bergungsunternehmen immer wieder den Gedanken um die Tragik eines solchen Absturzes mit allen seinen Begleiterscheinungen nachgehe – es ist einfach unvorstellbar und nicht in Worte zu fassen, was sich in jenen Augenblicken des abrupten Ende eines Fliegerlebens ereignet haben muß. Mensch und Material sind ineinander übergegangen.
Langsam beginnt der Abstieg. Abwechselnd haben Herbert Weißenbacher und Wolfgang Sprenger die schwere Eichenholzkiste geschultert, stumm kehren wir mit dem gefallenen deutschen Flugzeugführer ins Tal zurück. Dort, in der kleinen Kirche von Berwang, wird der Pfarrer der Gemeinde ihn bis zur Überführung nach Innsbruck aufbewahrt lassen.

*

In den Trümmern der Focke-Wulf FW 190 A-8/R2, ein Typ, mit dem die gesamte Sturmgruppe JG 3 ausgerüstet gewesen war, fand sich auch ein verfärbtes Stück Papier, ein Brief. An wen er gerichtet war, ist nicht mehr ersichtlich, denn Briefkopf und -schluß sind zerfetzt:

> »... Du wirst wohl lange auf Post von mir warten. Leider erhielt ich Deine Briefe erst am 1.8. und ich habe Dir dann auch gleich geschrieben. Wir haben schon wieder eine ... Platz gewechselt ... Im August ... Sitzbereitschaft mit ... Maschinen ... Gestern sind wir zum Feindflug gestartet, leider keine Feindberührung. Hoffe, daß es diesmal klappen wird. Du wirst wahrscheinlich schon verschiedenes über ...«

Der erwähnte Feindflug hat, wie die Flugbücher von Staffelkameraden ausweisen, am 2. August stattgefunden. Der nächste Einsatz tags darauf wurde dann dem Flugzeugführer zum Verhängnis. Er konnte diesen Brief, den er offensichtlich kurz vor diesem Einsatz geschrieben haben muß, nicht mehr abschicken – es waren die letzten Zeilen des aus Senne bei Bielefeld stammenden Unteroffiziers Harald Ottovordemgentschenfelde von der 10. Sturmstaffel JG 3 »Udet«.

Nicht zuletzt aber ist es auch das Verdienst von Paul Eisenmann, Jakob Sprenger und Herbert Weißenbacher aus Berwang, daß es nach so langer Zeit gelingen konnte, abermals einen der noch zahlreichen Vermißtenfälle abzuschließen.

Der Sterbefall wurde unterdessen beurkundet; das Grab auf dem Ehrenfriedhof Amras bei Innsbruck erhält einen Namen.

Die nicht zurückkehrten – das Bild einer Luftschlacht

Es gäbe viele Möglichkeiten, anhand unzähliger Beispiele den Ablauf der damals über dem Reichsgebiet zwischen eingeflogenen Bomberverbänden mit deren Jagdschutz und deutschen Abwehrstreitkräften entbrannten Luftschlachten aufzuzeichnen, und ich habe lange überlegt, welches Ereignis, welchen Einsatz ich hierfür auswählen sollte. An markanten Daten, wie den 17. August 1943, den 11. Januar 1944 oder den 6. März 1944, welche in der Luftkriegsgeschichte einige Höhepunkte sowohl in Art und Umfang des Einsatzes als auch in der angewendeten Taktik kennzeichnen, fehlt es nicht. Diese Unternehmen aber haben bereits in nicht wenigen Veröffentlichungen ihren Niederschlag gefunden, wobei mehr oder weniger nur die strategischen Gesichtspunkte, das eingesetzte Material und kriegshistorische Überlegungen zur Geltung gebracht wurden. Man vermißt bisher den Menschen selbst. Im Grunde gleichen sich all diese Luftkämpfe in den wesentlichen Punkten: Einflug des Gegners, Start zum Abwehreinsatz, Luftkampf, Abschüsse/Einbußen, Landung der eigenen Kräfte, Rückflug der Angreifer. Doch jeder Luftkampf zeigt neue Varianten des Todes, fordert ein anderes Konzept, nimmt einen unvorhergesehenen Verlauf.

Wie aber wurden die eingesetzten Piloten damit fertig? Unter welchen Voraussetzungen und mit welchen Gefühlen stiegen sie zum Abwehrkampf auf? Wir wissen heute, daß ein Großteil dieser Flugzeugführer und Besatzungen sich dessen bewußt war, daß sie solche Belastungen und Konzentration auf die Dauer nicht durchhalten würden. Sie waren überfordert, aber sie flogen dennoch. Es ist schwer zu sagen, was ihnen letzthin den Mut verlieh, angesichts erdrückender Übermacht immer wieder in ihre Maschinen zu steigen. So stellten sie sich dem Gegner, wissend, daß sie ihm materiell und zahlenmäßig unterlegen waren, doch sie versuchten sich ihrer Haut nach allen Kräften zu wehren und sie versuchten vor allem, mit den wenigen ihnen schließlich noch zur Verfügung stehenden Mitteln einem erbarmungslosen Bombenterror Einhalt zu gebieten. Und in gewisser Hinsicht muß dies zu Beginn des Krieges ja auch für die britischen Jagdflugzeugpiloten Gültigkeit besessen haben.

Ich bin davon abgekommen, eines der obenerwähnten, zu traurigem Ruhm gelangten Unternehmen zu beschreiben und habe ein Datum ausgewählt, welches stellvertretend für alle der so erbittert geführten, blutigen Luftkämpfe stehen soll. Es ist der 10. Februar 1944. In diesem Fall keine unwillkürliche Wahl, denn an jenem Tag fiel der Bruder eines meiner Bekannten aus Frankfurt am Main.

*

Als die Gruppen des Jagdgeschwaders 11 den Startbefehl erhalten, ahnt ihr Kommodore, Oberstleutnant Graf, noch nicht, daß dreizehn seiner Flugzeugführer zu ihrem letzten Einsatzflug aufsteigen werden. Es ist gegen 10.30 Uhr am 10. Februar 1944. Ein Donnerstag. Naßkaltes Wetter und tiefhängende Wolken hatten zunächst zu Vermutungen Anlaß gegeben, daß heute kaum mit einem gegnerischen Einflug zu rechnen sei und somit kein Abwehreinsatz stattfinden würde, aber diese Annahme soll sich nicht bestätigen. Die Wetterbedingungen über den Basen der Amerikaner sind günstig, über dem Reich herrschen in größeren Höhen überaus klare Sichtverhältnisse. Ihre Bomberbesatzungen brauchen an bestimmten Navigationspunkten nur die Schächte zu öffnen – geschlossene Wolkendecken sind schon lange kein Hinderungsgrund mehr, den stahlgefaßten Tod nicht zur Erde, auf die Städte schicken zu lassen.

Seit acht Uhr am Morgen dieses Donnerstags weiß die deutsche

Funkaufklärung, daß über dem südöstlichen Teil Englands starke Verbände im Sammeln begriffen sind. Erfahrungsgemäß wird noch eine weitere Stunde vergehen, bis die von den verschiedenen Plätzen aufgestiegenen Formationen sich zu einer gewaltigen Armada vereint haben, um dann dem Festland zuzustreben. Rund 300 viermotorige Kampfflugzeuge sind es, die schließlich den Kanal überqueren, umgeben von einer aus über 200 Einsitzern bestehenden Jagdeskorte. Nach Überfliegen der Zuidersee nähern sich die Amerikaner in zwei großen Wellen mit Ostkursen dem Reichsgebiet und werden mit ihren Spitzen bald über den Räumen Rheine-Minden stehen. Die Kampfverbände der 8. Luftflotte haben den Auftrag erhalten, Braunschweig anzugreifen.
Zwischen 10.30 Uhr und 11.00 Uhr sind unterdessen über 300 Jagdflugzeuge und Zerstörer der Reichsverteidigung zum Abwehreinsatz aufgestiegen. Sie können sich trotz schlechter Wetterlage in kurzer Zeit zu geschlossenen Gefechtsverbänden formieren und werden von den Bodenstellen an die noch im Anflug befindlichen amerikanischen Pulks herangeführt. Nicht alle werden jedoch mit dem Gegner Kontakt bekommen. Die in Dortmund, Rheine und Volkel stationierten Gruppen des JG 1 sowie Teile der IV./JG 3 und der im norddeutschen Raum gestarteten drei Gruppen des JG 11 sind als erste im Kampfraum; es dauert immer eine gewisse Zeit, bis die Einsatzhöhe erreicht ist.
Bald melden auch die III./JG 54 und das Zerstörergeschwader ZG 26 Feindberührung. Das I. Jagdkorps hat seine Jagddivisionen wie folgt angesetzt: 1. JD in Richtung Braunschweig/Celle – das sind die Messerschmitt der III./JG 54 aus Ludwigslust, 2. JD in Richtung Hannover – darunter Einheiten des JG 11 und des ZG 26 – und die 3. JD mit Verbänden des JG 3 in Richtung Wesergebiet und Emsland. So kommt es in den späten Vormittagsstunden des 10. Februar ab der holländischen Grenze zur Luftschlacht, die sich schließlich über das ganze westfälische Land bis hin nach Braunschweig erstreckt.
Schon ab der Reichsgrenze, in Höhen zwischen 6000 und 8000 Metern, stellen die deutschen Einheiten den Gegner zum Kampf, gerade als ein Teil der amerikanischen Jagdeskorte sich vom Bomberstrom lösen und auf Gegenkurs gehen will. Über den Wolken,

bei Kältegraden um minus 40 Grad, entwickeln sich die ersten heftigen Gefechte, die auf beiden Seiten zu Verlusten führen. Die 11. Staffel des JG 3 verliert über Vroomshoop zwei Maschinen; ihre Piloten, Leutnant Schmied und Leutnant Schroth sind gefallen. Ein weiträumiges Sumpfgelände auf holländischem Gebiet verschluckt die kurz hintereinander abgeschossenen Bf 109 von Unteroffizier Brandes und Feldwebel Sommer – bei späterer Auswertung der Verluste ergibt sich, daß es diese beiden Flugzeugführer gewesen sein müssen, die mit ihren Messerschmitt in einem Moor versunken sind. Eine Bergung und Identifizierung der Piloten und Maschinen ist nach Angaben des Bergungskommandos aus Enschede unmöglich, so daß beide Flieger seitdem als noch vermißt gelten.
Auch den Staffelkapitän der 10./JG 3, Oberleutnant Humer, erwischt es in diesem Luftkampf. Er fällt bei Lohne im gegnerischen Abwehrfeuer. Und unter den zahlreichen Fallschirmabsprüngen, sowohl amerikanische als auch deutsche Besatzungen, befindet sich Unteroffizier Bente, der verwundet bei Almelo herunterkommt. Nach Beendigung des Einsatzes hat das JG 3 schließlich sechs Gefallene oder Vermißte sowie zwei Verwundete zu beklagen.
Teile des in Rheine gestarteten Jagdgeschwaders 1 werden kurze Zeit nach dem Sammeln von dem weit ausgeschwärmten Begleitschutz des Gegners angenommen. Leutnant Kasischkes weiße »2« der 4. Staffel geht nach dem Luftkampf in die Tiefe, der Pilot fällt. Zur selben Zeit hat die III./JG 54 den gleichen Einsatzraum erreicht und trifft im Raum Nienburg auf die eskortierten Bomberpulks, kommt nicht an die schweren Viermotorigen heran und wird von den amerikanischen Jägern bedrängt. Zwei Flugzeugführer fallen, zwei erleiden Verwundungen, darunter der Kapitän der 9./JG 54, Oberleutnant Schilling, der im Südosten von Nienburg seine gelbe »1« auf den Bauch legen muß.
Die zweimotorigen Bf 110 von Hauptmann Koglers I./ZG 26 sowie der II./ZG 26 unter Hauptmann Tratt befinden sich unterdessen im Raum Hannover-Braunschweig. Gegen 12 Uhr beenden die Amerikaner bereits bei unvollkommener Erdsicht ihren Bombenwurf, wobei in Braunschweig selbst mittelgroße Gebäude- und Industrieschäden entstehen. Und daß der Angriff diesmal nicht

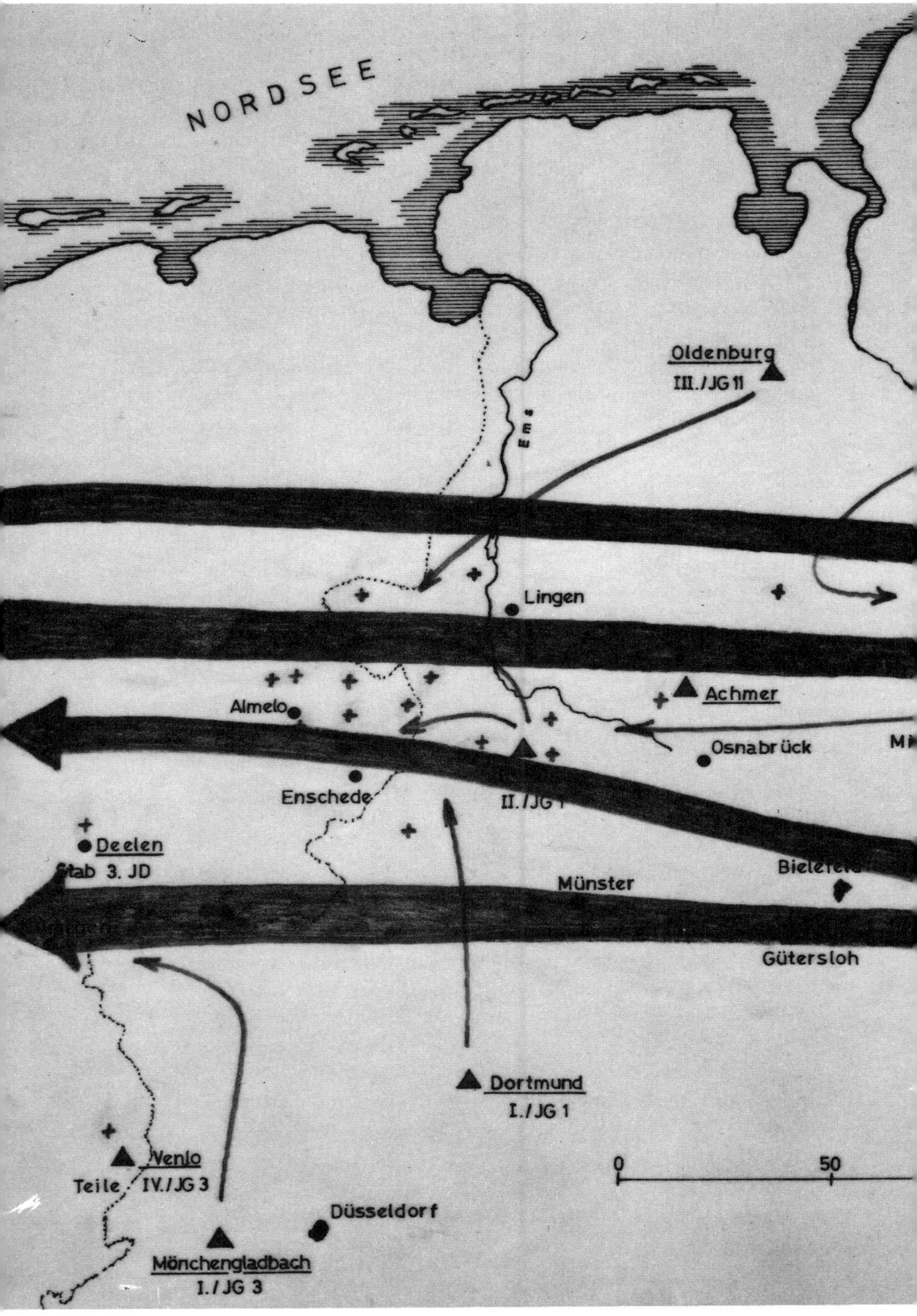
NORDSEE
Ems
Oldenburg
III./JG 11
Lingen
Achmer
Almelo
Osnabrück
Enschede
II./JG 1
Deelen
Stab 3. JD
Münster
Gütersloh
Dortmund
I./JG 1
0
50
Venlo
Teile IV./JG 3
Düsseldorf
Mönchengladbach
I./JG 3

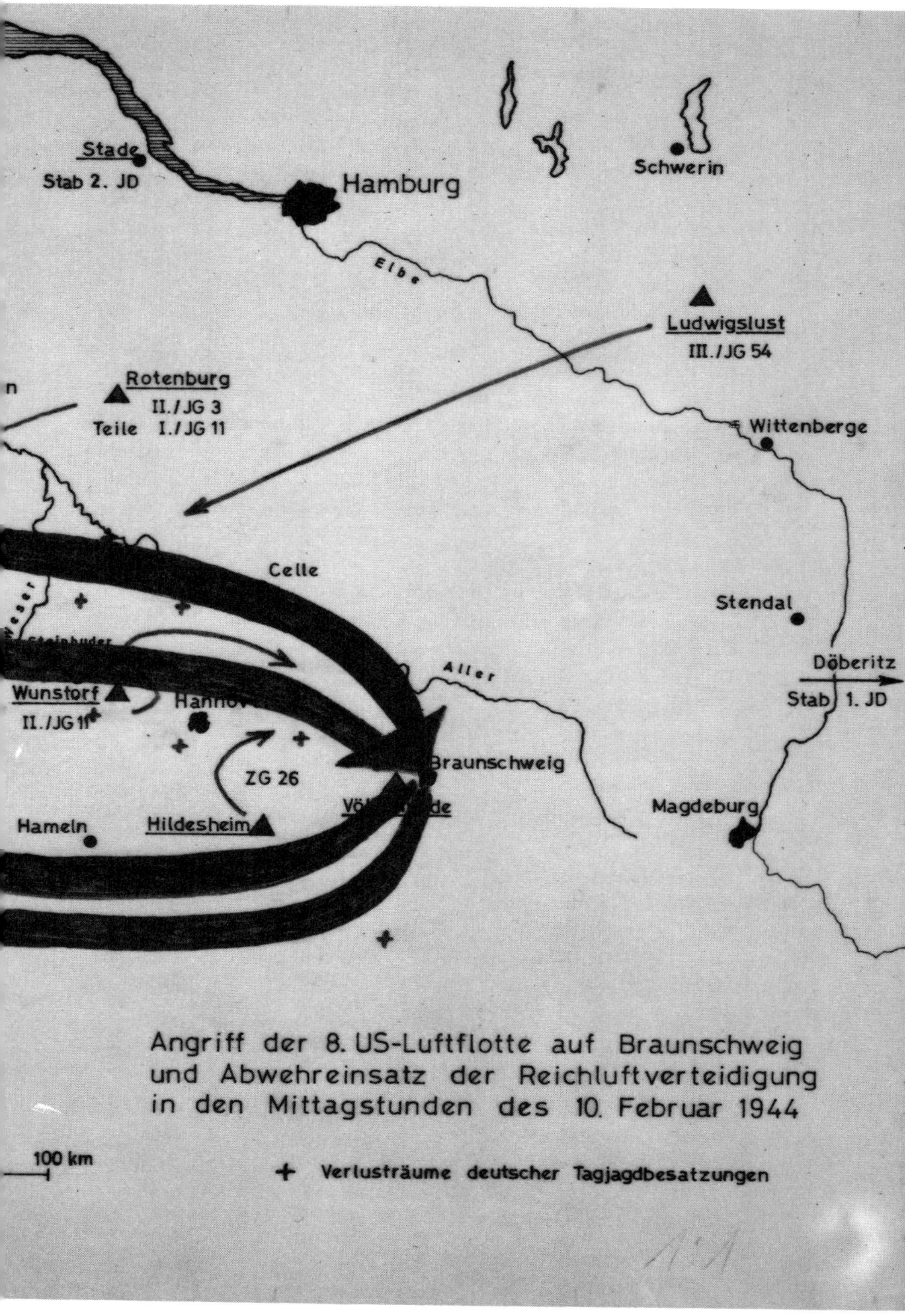

Angriff der 8. US-Luftflotte auf Braunschweig und Abwehreinsatz der Reichluftverteidigung in den Mittagstunden des 10. Februar 1944

100 km

+ Verlusträume deutscher Tagjagdbesatzungen

wuchtiger und wirkungsvoller ausfällt, ist, abgesehen von den Sichtverhältnissen, dem erfolgreichen Abwehreinsatz des gesamten I. Jagdkorps zu verdanken, denn der Jagdabwehr gelingt es, im Zusammenwirken mit der Flak, den Gegner schon in den Anflugräumen vielfach zum Ausweichen zu zwingen und somit einen massierten Luftangriff auf Braunschweig an jenem 10. Februar zu verhindern.

Etwa gegen 11.30 Uhr greifen die Zerstörer der II./ZG 26 an, ihre Abschußerfolge müssen jedoch auch mit eigenen Einbußen erkauft werden. In der zwischen Hannover und Celle stattfindenden Kurbelei verzeichnet die Gruppe mindestens zwei Totalverluste, sechs Besatzungsmitglieder dieser beiden und noch anderer Maschinen lassen ihr Leben. Unteroffizier Timme, Bordfunker der schwarzen »8« aus der 4. Staffel, springt verletzt aus der Bf 110 und wird erst Mitte April bei Rethem an der Aller tot aufgefunden. Er zählt zunächst zu den sieben vermißten Flugzeugbesatzungen dieses Tages.

Den härtesten und verlustreichsten Einsatz am 10. Februar aber führt das Jagdgeschwader 11, ihre Gruppen haben bereits seit dem Einflug der Amerikaner in das Reichsgebiet Kontakt mit dem Bomberstrom. Major Specht, seit Mai 1943 Kommandeur der II./JG 11, läßt seine Messerschmitt um 10.35 Uhr in Wunstorf starten, und nachdem die tiefliegende Schauerbewölkung durchstoßen ist, wenden sich die Staffeln in Richtung Westen. Gleichzeitig hat auch die III. Gruppe von Hauptmann Hackl ihre Plätze um Oldenburg verlassen und wird vom Gefechtsstand der 2. Jagddivision in Stade an den Einflug herangeführt. Die Sicht ist ausgezeichnet.

Über dem holländisch-deutschen Grenzraum, in den Planquadraten GO-GP, kommt es dann zur Begegnung mit den Jägern der Eskorte, welcher auch gleich die ersten deutschen Maschinen zum Opfer fallen. Es ist einfach unvorstellbar, mit welcher Übermacht die Amerikaner auftreten. Aber da gelingt es dem Unteroffizier Cuntz und seinem Staffelkameraden, Unteroffizier Hentschel, die Abschirmung zu durchbrechen und sich einer Formation Liberator zu nähern. Hentschel, vom Begleitschutz abgedrängt, wird über Oldenzaal abgeschossen, während Cuntz bei Nordhorn zum Schuß kommt und eine Liberator zum Absturz bringt. Noch eine zweite B-24 kann der Unteroffizier aus der 8. Staffel bezwingen, ehe die Amerikaner kurz darauf auch ihn tödlich treffen. Cuntz' Vorahnungen im Oktober des vergangenen Jahres, daß eventuell Anfang Februar ihn das Schicksal ereilen wird, hat sich auf traurige Weise bewahrheitet.

Währenddessen hält die Luftschlacht unvermindert an. Leo Demetz, der 24jährige Unteroffizier aus St. Ulrich bei Bozen, wird bei Rheine zum letztenmal gesehen, Pilot und Maschine bleiben vermißt. Feldwebel Schramm landet schwer verwundet in Oldenburg, wo er am nächsten Tag seinen Verletzungen erliegt. Die Focke-Wulf von Viktor Widmaier geht bei Bentheim in die Tiefe, doch der Flugzeugführer springt verwundet ab. Als die II./JG 11 kurz vor elf Uhr in Wunstorf landet, wird deutlich, daß Erfolge und Einbußen dicht beisammenstehen; so meldet auch der Kapitän der 5., Leutnant Knoke, einen Abschuß: eine B-17 über dem Gebiet des Dümmer Sees. Es ist sein 21. Luftsieg.

Ab zwölf Uhr wenden die Spitzen der amerikanischen Kampfverbände nach Süden und wenig später nach Westen, auf Gegenkurs. Sie formieren sich zum Rückflug und sollen, so sieht es die Einsatzplanung vor, von frisch bereitgestellten und im Raum Rheine-Münster wartenden Jagdstreitkräften aufgenommen werden. Für viele Einheiten der Reichsverteidigung erfolgt um die gleiche Zeit nun der zweite Einsatz. Schneeschauer überziehen das niedersächsische Land, als die II./JG 11 um 12.58 Uhr zum nächsten Einsatzflug aufsteigt, der südwestlich von Osnabrück zu neuerlichen Luftkämpfen führen und weitere Opfer fordern soll. Von der 4. Staffel bleiben Oberfähnrich Helmut Winter und Unteroffizier Rudi Lennhoff vermißt. Winter findet man im Dezember 1973 durch Zufall auf einer sumpfigen Wiese bei Recke/Westfalen im Wrack seiner abgeschossenen Bf 109. Und aus Leutnant Knokes 5. Staffel kehren zwei Flugzeugführer nicht wieder zurück: Der 23jährige Unteroffizier Arndt und der Magdeburger Feldwebel Raddatz, den man nach einem Gefecht über Rheine aus den Augen verloren hatte.

Trotz des hohen Anteils am Abwehrerfolg, wobei sich die Luftsiege des Geschwaders vorwiegend auf die als »Viermot.-Töter«

bekannten Flugzeugführer wie Frey, König, Sommer und Specht verteilen, wird der 10. Februar 1944 als ein schwarzer Tag in die Geschichte des Jagdgeschwaders 11 eingehen. Dreizehn Gefallene und sechs Verwundete sind das Fazit dieses Tages.
Gegen 13.40 Uhr verlassen die letzten Bomberformationen der Amerikaner über der Scheldemündung das Festland, um auf ihre Basen in England zurückzukehren. Die Luftschlacht in eisiger Kälte am Himmel über Norddeutschland ist vorbei. Keine aus dem Gesamtgeschehen des Luftkrieges herausragende Schlacht, aber unmißverständlich zeigend, daß es unter bestimmten Voraussetzungen – nämlich einem geschlossenen Abwehreinsatz – die Angriffswucht des Gegners herabzusetzen gelingt. Die erlittenen eigenen Verluste zeigen unverkennbar die Vorteile eines starken Jagdschutzes, der von nun an die Bomberverbände auch über dem Reichsgebiet zu schützen vermag und der es im weiteren Verlauf des Luftkrieges möglich machen wird, Angriffsflüge und Bombardements immer gefahrloser durchführen zu können.
So findet denn auch der beschriebene Einsatz im Wehrmachtsbericht vom 11. Februar die üblich kurze Erwähnung:

> »Nordamerikanische Bomberverbände flogen in den Mittagsstunden des 10. Februar mit starkem Jagdschutz in den mitteldeutschen Raum ein. Die sofort und stark eingesetzte deutsche Luftverteidigung hinderte den Feind an zusammengefaßten Angriffen. Durch wahllosen Bombenabwurf wurden insbesondere Wohngebiete der Stadt Braunschweig getroffen. Im Verlauf heftiger Luftkämpfe und durch Flakartillerie wurden nach bisher unvollständigen Meldungen 51 feindliche Flugzeuge, darunter 32 viermotorige Bomber, abgeschossen.«

Wie immer nach den Einsätzen weist die Bilanz von Erfolg und Verlust zunächst ein irreales Bild aus. Das I. Jagdkorps meldet 43 Bomber- und 28 Jägerabschüsse bei einem eigenen Verlust von 33 Flugzeugen; das ist der Stand vom Abend des 10. Februar. Mitunter währt es Tage, bis effektive Zahlen vorliegen, so daß die Erstangaben in fast allen Fällen revidiert werden müssen. Was die Ausfälle betrifft, so liegt das exakte Ergebnis recht bald vor, je-

doch lassen die Abschußmeldungen auch heute noch Widersprüche offen. Natürlich ist die Zahl von 71 abgeschossenen Feindflugzeugen zu hoch. Wie schon erwähnt, beziffert das OKW tags darauf die Abschußerfolge von Flak und Jagdabwehr auf insgesamt 51 Flugzeuge, und die Luftflotte Reich gibt schließlich 33 Verluste des Gegners bekannt, während eine englische Meldung den Verlust von 29 Kampfflugzeugen sowie 8 Jägern bestätigt.
Welche Einbußen aber forderte der Abwehreinsatz des 10. Februar 1944 auf deutscher Seite? In folgender Aufstellung sind die am Einsatz beteiligten Verbände der Reichsverteidigung und ihre Verluste an fliegendem Personal zu ersehen (nach damaliger Meldung der Truppe):

	gefallen	vermißt	verwundet
JG 1	2	–	–
JG 3	4	2	2
JG 11	9	4	6
JG 54	2	–	2
ZG 26	6	–	7
	23	6	17

Neunundzwanzig Mann fliegendes Personal sind demnach nicht zurückgekehrt, von sechs Piloten liegt bei der Deutschen Dienststelle in Berlin ein Suchantrag vor. Einer dieser sechs Flugzeugführer ruht seit dem 10. Februar 1944 als unbekannter Flieger auf dem Ehrenfriedhof von Wunstorf.